D1750568

MUTTER ERDE
und ihre Töchter

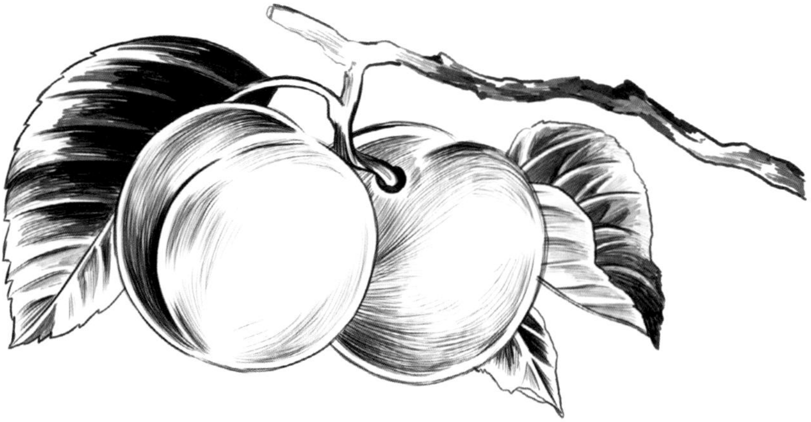

Sevilay Wilhelm

MUTTER ERDE
und ihre Töchter

....

Warum wir für eine bessere Welt
die Kräfte der Frauen entfesseln müssen

SCORPIO

IMPRESSUM

Mutter Erde und ihre Töchter
Warum wir für eine bessere Welt
die Kräfte der Frauen entfesseln müssen

Autorin: Sevilay Wilhelm mit Martin Häusler

Kuration: Prof. Jan Teunen

Illustration: Romina Rosa

Gestaltung: Till Schaffarczyk

Bildhinweise: Cover (© Stephan Pick), S. 27, S. 41, S. 89 (© privat), S. 52 (©Dipper Historic / Alamy Stock Photo), S. 83 (©Bhawan Singh/The The India Today Group via Getty Images), S. 93 (©Authenticated News/Getty Images), S. 96 (© Diana Mara Henry Collection, Robert S. Cox Special Collections and University Archives Research Center, UMass Amherst Libraries), S. 105 (©PRESSENS BILD/AFP via Getty Images), S. 110 (© Autor/-in unbekannt)

© 2024 Scorpio Verlag in der Europa Verlag GmbH, München
Umschlaggestaltung, Layout & Satz: Till Schaffarczyk, Dreieich
Illustrationen: Romina Rosa, Würzburg
Druck & Bindung: Gugler GmbH, Melk
ISBN 978-3-95803-596-6

Scorpio Newsletter: Mehr zu unseren Büchern und Autoren kostenlos per E-Mail!

www.scorpio-verlag.de

für meine
ELTERN
MEMET-SALIH
und
INAYET PEKDOGAN
und meine
KINDER
LARA *und*
EMMA

INHALT

0 Vorwort von Monika Griefahn — Seite 8

1 Die Frauen, die Männer, die Welt und ich — Seite 14

- 1.1 Der Moment meines Aufbruchs — Seite 16
- 1.2 Kindheit zwischen den Welten — Seite 26
- 1.3 Erster Kontakt mit Feminismus — Seite 31
- 1.4 Die Extrameile der Frauen im Beruf — Seite 36
- 1.5 Die Situation in der Türkei — Seite 40

2 Der Status quo globaler Ungerechtigkeit — Seite 46

- 2.1 Die Lücke schließt sich nur langsam — Seite 48
- 2.2 Frauen im Norden haben es schwer — Seite 52
- 2.3 Frauen im Süden haben es schwerer — Seite 67
- 2.4 Die eigentliche Ursache der Ungleichheit — Seite 76

3	Die Potenziale entfesseln	Seite 90
	3.1 Der Ökofeminismus – *Zeitreise durch eine mutige Bewegung*	Seite 92
	3.2 Mein Entschluss für BeyondEqual	Seite 128
	3.3 Die Suche beginnt	Seite 131
4	Meine Gründerinnen	Seite 138
	CLAIRE	Seite 140
	EBRU	Seite 150
	DILARA	Seite 160
5	Meine Appelle	Seite 170
	5.1 Mein Appell an die Politik	Seite 173
	5.2 Mein Appell an den Finanzsektor	Seite 176
	5.3 Mein Appell an die Arbeitgeber	Seite 178
6	Meine Anregungen für grüne Gründerinnen	Seite 180
7	Lasst uns Mutter Erde ehren! – Ein Schlusswort	Seite 198
	Quellenverzeichnis	Seite 204
	Danksagung	Seite 208

VORWORT

Überzeugung statt Machtkalkül

—

von Monika Griefahn

0 VORWORT

Die Worte, mit denen mich der Kapitän beschimpfte, als wir mit dem Greenpeace-Schiff „Sirius" das Tankschiff „Kronos" daran hinderten, Dünnsäure in der Nordsee zu verklappen, möchte ich hier nur auszugsweise wiederholen. „Kehren Sie um! Sie tragen die Verantwortung!", rief ich. Zurück kam: „Halt doch dein Maul, du alte Kuh!" In dieser Art ging es weiter, damals sogar dokumentiert durch einen Bericht in der Tagesschau. Offenbar hatte dieser Mann sich nicht nur geärgert, dass wir ihm im Weg waren. Es ging auch gegen mich als Frau. Dass Frauen mutig sind und sich gesellschaftlich engagieren, das ist bis heute immer wieder ein Stein des Anstoßes. Dabei war und bin ich eine von vielen. Sehen wir es positiv: Die Tatsache, dass Frauen sich etwas trauen, erzeugt wohl per se eine größere Aufmerksamkeit – und darum geht es erst einmal auch.

Die Umweltbewegung der Siebziger- und Achtzigerjahre des vergangenen Jahrhunderts war eine Zeit des Aufbruchs und des Wandels. Menschen auf der ganzen Welt begannen, sich bewusst zu werden, dass Natur und Umwelt geschützt werden müssen, um das Überleben der Menschheit zu sichern. Das Buch „Die Grenzen des Wachstums" des Club of Rome von 1972 und die erste UN-Umweltkonferenz in Stockholm im selben Jahr machten weltweit auf die Zerstörung des Planeten aufmerksam, zeigten aber auch Lösungen auf. In dieser Zeit spielten Frauen eine entscheidende Rolle in der Umweltbewegung – wie auch heute in der aktuellen Klimabewegung – und trugen maßgeblich dazu bei, die Bedrohung für unsere Gesundheit durch dreckige Luft, vergiftetes Wasser und das Aussterben von Pflanzen und Tieren und damit unserer Erde aufzuzeigen. Sie waren wichtig, um politische und wirtschaftliche Änderungen herbeizuführen und den Blick zu schärfen.

Die Frauen der Umweltbewegung waren (und sind) nicht nur Aktivistinnen, sondern auch Pionierinnen. Sie erkannten frühzeitig die Bedeutung einer nachhaltigen Lebensweise und setzten sich für den Erhalt der natürlichen Ressourcen ein. Schon immer gingen starke Frauen voran. Sie haben um 1900 für ihr Wahlrecht gekämpft und später für viele andere politische Ideen. Seit

„KEHREN SIE UM!
SIE TRAGEN
DIE
VERANTWOR-
TUNG!"

0 VORWORT

den Siebzigern änderten sich die gesellschaftlichen Strukturen – oder besser: Sie wurden von Männern und Frauen geändert. Zwar müssen sich Frauen bis heute manchmal „Mädchen" nennen lassen und werden in Diskussionen nicht immer ernst genommen, aber die Strukturen sind offen für solche, die etwas zu sagen haben. Und Frauen nehmen diese Rolle auch wahr. In aller Regel aus Überzeugung und weniger aus Machtkalkül. Antriebe sind auch das Gefühl der Ungerechtigkeit, das Gefühl der Angst um Menschen und Gesundheit, der Wunsch nach einem friedlichen Zusammenleben. Bei den Frauen, die ich kennengelernt habe, geht es nicht um Eitelkeiten. Vielleicht können sie deshalb viel bewegen?

Einige der Pionierinnen aus der Umweltbewegung durfte ich durch meine Arbeit bei der Right Livelihood Stiftung, in Deutschland besser bekannt als „Alternativer Nobelpreis", kennenlernen: Petra Kelly, Wangari Maathai, Vandana Shiva, Birsel Lemke, Bianca Jagger, Maude Barlow, Sheila Watt-Cloutier und Phyllis Omido, um ein paar Namen zu nennen. Allen ist gemein, dass sie die Bedrohung der Umwelt, die Gesundheit der Menschen vor Ort und die Frage von Menschenrechten und Selbstbestimmung zusammen denken.

Als wir 1980 Greenpeace in Deutschland gründeten, waren es auch die Frauen, die (am Anfang natürlich ehrenamtlich) die Organisation voranbrachten – auch wenn bei den Aktionen viele Männer zu sehen waren. Auch ich habe meinen Teil dazu beigetragen, viel organisiert und wurde später, als ich Ministerin im Kabinett von Gerhard Schröder in Niedersachsen wurde, auch Vorbild für Frauen. Bis dahin gab es im Umweltministerium nur Frauen in unteren und mittleren Besoldungsstufen. Kinder trauten sie sich auch nicht zu bekommen. Ich aber machte es anders. Ich setzte Kinder in die Welt *und* nahm gleichzeitig führende Positionen ein. Ich konnte damit den Weg für viele weitere Frauen ebnen. Andere in meiner Generation sind kinderlos geblieben. Für viele war es das Opfer, das sie gebracht haben. Zum Glück hat sich an dieser Stelle viel im Selbstverständnis der Frauen und in der Gesellschaft geändert – oder besser: ist von Männern und Frauen geändert worden.

Der Schutz der Umwelt und des Klimas ist untrennbar mit sozialen Themen verbunden. Nachhaltige Entwicklung kann eben nur durch eine ganzheitliche Betrachtung erreicht werden. So hat es dann ja auch die Agenda 21 der UN-Konferenz in Rio de Janeiro festgeschrieben. Die Sustainable Development Goals sind nur eine logische Fortsetzung. Die Töchter der Mutter Erde geben ihre Stimme daher der Natur, der Umwelt und dem Leben! Sie setzen sich für den Schutz der natürlichen Ressourcen ein, kämpfen gegen Umweltverschmutzung und Klimawandel und für etwas, das ein neues Label erhielt: Klimagerechtigkeit.

Denn die Auswirkungen der planetaren Zerstörung sind vor allem in den ohnehin benachteiligten Entwicklungsländern zu spüren. Die Menschen dort dürfen wir nicht allein lassen mit etwas, das vor allem der globale Norden angerichtet hat. Auch dort sind Frauen oft diejenigen, die Veränderungen herbeiführen und ein zukunftsfähiges Leben gestalten.

Damit sind Frauen auch Vorbilder für kommende Generationen. Sie zeigen, dass jede Einzelne einen Beitrag leisten kann und dass Veränderungen möglich sind. Sie inspirieren andere Frauen, sich für die Zukunft zu engagieren und ihre Stimme zu erheben. In einer Zeit, in der es immer dringlicher wird, sich gegen Klimawandel und Umweltzerstörung einzusetzen, ist es wichtiger denn je, dass die Töchter der Mutter Erde aktiv sind. Sie sind diejenigen, die Verantwortung übernehmen und die notwendigen Veränderungen vorantreiben können. Es wäre doch ein Wahnsinn, auf die Hälfte der Bevölkerung zu verzichten, wenn es so große Herausforderungen zu meistern gilt.

Auch deshalb ist dieses Buch so wichtig: Wir brauchen nicht nur Mahnerinnen, sondern ebenso Unternehmerinnen, Gründerinnen, Politikerinnen, Weltgestalterinnen auf allen Ebenen. Wir brauchen sie in NGOs, in der Nachbarschaft, in Unternehmen und Institutionen. Nur so schaffen wir es, einen positiven Fußabdruck auf der Erde zu hinterlassen.

KAPITEL

1

DIE FRAUEN, DIE MÄNNER, DIE WELT
UND ICH

1.1 DER MOMENT MEINES AUFBRUCHS

Ich kann mich genau an die Zeit erinnern, als es mir zu viel wurde. Es waren die Jahre 2018 und 2019. Von Corona hatte noch niemand gehört. Etwas anderes weckte in mir ein zunehmend ungutes Gefühl, etwas, woran sich viele Menschen bereits gewöhnt hatten. In auffallend geballter Stärke standen Männer mit extrem dominanten und unversöhnlichen Haltungen an den Machthebeln ihrer Nationen: Donald Trump, Jair Bolsonaro, Boris Johnson, Victor Orban, Wladimir Putin, Alexander Lukaschenko, Xi Jinping, Kim Jong Un, Baschar al-Assad, Mohammed bin Salman und einige mehr. Darunter Hardliner, Autokraten, Egoisten, Narzissten, Machos. Jeden Tag beherrschten sie die Schlagzeilen, machten mit knallharten Entscheidungen von sich reden, und sie gewannen wie von Geisterhand ihre Wahlen. Eine solche Welt kannte ich bisher nur aus durchgedrehten Hollywoodfilmen und dystopischen Romanen. Aber das war nun die Realität.

In Washington kündigte der eine an, aus dem Pariser Klimaschutzabkommen austreten zu wollen und der Kohleindustrie eine Renaissance zu bescheren. Das passte zum globalen Trend. Ich las, dass in 59 Ländern 1380 neue Kohlekraftwerke geplant oder schon im Bau sind. Die Unbarmherzigkeit dieses Mannes, Donald Trump natürlich, gipfelte darin, Einwandererkinder am Grenzzaun zwischen den USA und Mexiko von ihren Familien zu trennen und in Lager zu schicken, was mir regelmäßig Tränen in die Augen trieb. Ein anderer, Bolsonaro, ließ in Brasilia alle Hemmungen im Umgang mit dem Regenwald fallen und forcierte dessen Abholzung in nie da gewesener Weise, völlig unbeeindruckt, ob indigene Stämme im Weg sein würden. Andere wurden wiedergewählt mithilfe einer medialen Übermacht und indem man die politischen Gegner einschüchterte. Allen gemeinsam schien vollkommen nachrangig, wie es gerade um den Gesundheitszustand der Erde bestellt ist, als wären sie entkoppelt von ihr. Kein einziges Wort von Nachhaltigkeit, von Gleichberechtigung, sozialer Gerechtigkeit, kein Anzeichen von Transformation, keine Regung für einen Aufbruch in eine lebenswertere Welt. Mütterchen Russland durfte geliebt werden, Mutter Erde bekam nicht mal einen Blick. Es schien, als bauten diese Regenten Galaxien, in denen niemand anderes der Mittelpunkt sein dürfte als sie selbst.

HARDLINER, AUTOKRATEN, EGOISTEN, NARZISSTEN, MACHOS

1.1 DER MOMENT MEINES AUFBRUCHS

Die Art dieser Männer, Politik zu machen, ihre Länder zu positionieren und einzuhegen, in Konflikte zu gehen anstatt in die Kooperation, die eigene Macht zu zementieren, Gesetze zu ihren Gunsten zurechtzulegen, Bürgerrechte zu beschneiden, Vielfalt zu unterdrücken, Angst als Mittel des Regierens einzusetzen, eine global wirksame Umweltpolitik zu verhindern, machte mich immer wütender, und ich konnte einfach nicht nachvollziehen, dass Frauen die Trumps oder Putins dieser Welt anhimmelten und unterstützten. Bitte stellen Sie sich das noch einmal vor: Donald Trump trennte Mütter und Kinder und steckte sie in Camps! Es waren die gleichen Abgründe, die sich später in Putins Angriffskrieg gegen die Ukraine zeigten, als in einem Jahr schätzungsweise 20.000 ukrainische Kinder nach Russland verschleppt wurden, das russische Staatsfernsehen spricht sogar von 400.000 Kindern seit der Annexion der Krim 2014. Eine Frau, eine Präsidentin, wäre meiner Meinung nach zu so einer menschenfeindlichen Politik nicht in der Lage.

Auch die #meToo-Enthüllungen um Harvey Weinstein und Dieter Wedel zogen in diesen Jahren immer weitere Kreise. Der Machtmissbrauch gegenüber Frauen, den wir all die Jahre gespürt, erlebt, ertragen haben, wurde endlich Teil der Debatte und Teil meiner Gefühlswelt. Der Begriff der „alten weißen Männer" geisterte plötzlich durch die deutschen Medien, eine etwa 30 Jahre alte Beschimpfung, die in den USA ihren Ursprung hatte, weil dort Vertreter derjenigen, die nicht alt, weiß und männlich waren, sich von den vorrangig alten, weißen und männlichen Vertretern der Staatsgewalt bevormundet, gegängelt und diskriminiert fühlten. „Die Reihenfolge der Wörter ist übrigens kein Zufall", schrieb Reto U. Schneider einmal ganz richtig in der *Neuen Zürcher Zeitung*. „Es geht nicht um alte männliche Weiße oder um weiße männliche Alte. Ganz oben auf dem Podest der Privilegien steht das Geschlecht, dem die Rasse und schließlich das Alter folgen." Wobei ich im deutschen Sprachgebrauch „Rasse" gegen „Ethnie" ersetzen würde. 2012 hatte die damalige Bundesministerin für Arbeit und Soziales, Ursula von der Leyen, den Ausdruck des „alten, weißen Mannes" hierzulande salonfähig gemacht, indem sie die schwächelnde deutsche Wirtschaft als ebensolchen bezeichnete. So wurde er in der Phase der von mir so extrem wahrgenommenen männlichen Dominanz wohl auch nicht ganz zufällig von den Publizistinnen Margarethe Stokowski und Sophie Passmann auf die öffentliche

Agenda gehoben. Kritisiert wurden nicht nur Staatenlenker, die in dieses Schema passten, sondern insgesamt Personen, die allein durch ihr Geschlecht, ihre Ethnie und ihr Alter in dieser Gesellschaft mit Privilegien ausgestattet sind, sich dieser Privilegien zum Teil nicht einmal bewusst werden, sie jedoch zu ihren Gunsten gegen andere einsetzen.

Manchen Angriff empfand ich als unfair, denn natürlich nicht alle missbrauchen ihre Macht. Auf der einen Seite dachte ich mir: Gut, dass das mal verbalisiert wird. Gut, dass der Machtmissbrauch thematisiert wird. Gut, dass die Empathiedefizite, sich in benachteiligte Menschen hineinzuversetzen, auf die Agenda kommen. Auf der anderen Seite waren mir manche Forderungen zu radikal, denn – seien wir ehrlich – ohne diese alten, weißen Männer, ohne deren Arbeit und Geisteskraft, wären viele von uns in Deutschland nicht zu ihrem Wohlstand gekommen und hätten auch nicht die Möglichkeiten erhalten, die uns zu dem gemacht haben, wer wir sind. Ohne die alten, weißen Männer wäre vieles in der Welt und in Deutschland anders gelaufen. Klar, manches besser, manches aber sicher auch schlechter. Bei aller Ambivalenz gegenüber dieser ins Zielfernrohr gerückten Gruppe und ganz losgelöst von deren oberflächlichen Merkmalen, liegt es mir am Herzen, eher die Sichtweise zu vermitteln, dass es einen bestimmten Schlag Männer gibt – sie können letztlich jedes Alter und jede Hautfarbe haben –, die Frauen unterdrücken und niederhalten. Unter diesen Kandidaten sind die eben aufgezählten Staatenlenker, doch diese Männertypen finden sich auch in den Unternehmen, auf Direktoren- wie Managerebene, sie arbeiten in Behörden und in Kliniken, sie sitzen in Kirchen, Moscheen, Synagogen und Tempeln, sie sind Teil von Familien als Väter, Onkel, Söhne, Brüder. Sie sind die Statthalter des Patriarchats und sie benehmen sich im Kern immer noch wie die Kriegsherren, die Eroberer und die Siedler, die sich vor Jahrhunderten die Welt untertan machten.

Daher war ich grundsätzlich dankbar über den Diskurs und die immer breitere Einsicht darüber, dass wir offensichtlich in einer allzu männerdominierten Welt leben, die partout nicht heilen will. Meine wachsende Wut hatte genau damit zu tun: Diese Herren bewiesen (und beweisen) trotz gegenteiliger großspuriger Beteuerungen vor aller Augen, dass sie krachend an der Mission scheitern, auf ihre Art und Weise die Welt zu einem besseren Ort zu machen – es gelingt ja nicht mal in ihrem eigenen Land. Ganz offensichtlich waren (und sind) sie nicht getrieben von selbstlosen, übergeordneten Ideen, die den Planeten als Ganzes annehmen, als *einen* Lebensraum, als *einen* Organismus, dessen Bestandteile sich kooperativ verhalten müssen, um miteinander harmonieren zu können und auch auf lange Sicht Leben zuzulassen. Nein, sie waren (und sind) getrieben von nationalen, egoistischen Zielen, die ihre Länder (und Konzerne!) zu wachsenden Krebsgeschwüren einer immer labiler werdenden Welt machen.

1.1 DER MOMENT MEINES AUFBRUCHS

Lynn Margulis

James Lovelock

Die Erde als Superorganismus. Die Gaia-Hypothese begreift unseren Planeten als sensibles System von Abhängigkeiten und Ausgleichseffekten. Es leuchtet ein: Wer sich hier danebenbenimmt, muss mit Konsequenzen rechnen.

Ich möchte an dieser Stelle an den britischen Ingenieur und Atmosphärenchemiker James Lovelock erinnern, der in den Siebzigerjahren zusammen mit der US-amerikanischen Mikrobiologin Lynn Margulis die Gaia-Hypothese populär machte. Der Name Gaia entstammt der griechischen Mythologie und meint die Erde als Muttergottheit. Gaia gebar nicht nur die nächste Generation an Gottheiten, sie nahm vor allem ihre Kinder vor dem hasserfüllten Vater Uranos in Schutz. Es würde zu weit führen, die durchaus spannende Sage weiterzuerzählen. Lovelock und Margulis versahen jedenfalls diese alte Vorstellung mit naturwissenschaftlichen Aspekten und etablierten die These, dass diese Göttin, dieser Planet, unsere Erde, ein geschlossener Superorganismus sein könnte. Sieht man ihn in seiner Begrenztheit so allein in der Schwärze des Alls schweben, muss man nicht viel Fantasie haben, um diesen Gedanken nachvollziehen zu können. Die beiden Wissenschaftler nahmen an, dass alle auf diesem Superorganismus existierenden Lebewesen sowie deren Lebensräume eng miteinander vernetzt sind, voneinander abhängig, sich ständig entwickelnd und ausgleichend durch eine Vielzahl an Feedbackeffekten.

Ich möchte nur einen für mich zentralen Satz aus Lovelocks Buchs *Gaia* zitieren: „Ob Sie's nun mögen oder nicht: Was auch immer wir mit dem Gesamtsystem anstellen, wir werden weiterhin, wenn auch unbewusst, in den gaianischen Prozess der Selbstregulierung hineingezogen werden." Daraus ergibt sich die Logik, dass diejenigen Kinder Gaias, die mit ihrer Politik und ihren Industrien übermäßige Macht und übermäßigen Reichtum an sich ziehen, nicht nur auf ihre Region und ihre Nachbarschaft, sondern auf den gesamten Superorganismus toxisch wirken und die harmonischen Gefüge durcheinanderbringen und ins Chaos stürzen. Längst wissen wir, **dass keine einzige Branche Gewinne erzielen würde, würden die ausgebeutete Natur und die ausgebeuteten Menschen in der Lage sein, Rechnungen zu schreiben.** Der Reichtum kommt quasi aus dem Nichts, und zum Dank erhalten der Planet und seine Menschen den Müll und die Emissionen zurück, die bei den lebensfeindlichen Geschäftsmodellen und Regierungsplänen entstehen. Gaia, unsere Mutter, wird das nicht mehr lange aushalten können. Im Sinne der Selbstregulierung ist sie schon jetzt dazu gezwungen, mit aller Unbarmherzigkeit zurückzuschlagen. Das erledigt sie in Form des Klimawandels, einer Pandemie oder den vielen Zivilisationskrankheiten. Planetares Karma könnte man diese Rückkopplung auch nennen. Ein Jammer, dass dabei nicht nur die Täter dran glauben müssen.

Mir ist es, ehrlich gesagt, egal, von was diese Herren getrieben sind. Es existieren reichlich Persönlichkeitsstudien über Führergestalten, die beweisen, dass viele auf Kosten anderer unterwegs sind. Sie vermuten hinter deren destruktivem Verhalten nicht nur simplen Größenwahn, sondern auch psychologische Störungen und familiäre Traumata. Interessant kommt mir

1.1 DER MOMENT MEINES AUFBRUCHS

bei der Suche nach Mustern jedoch der sogenannte Dunning-Kruger-Effekt vor. Er beschreibt das Mindset von Menschen, deren Unzulänglichkeiten, Unwissen und Inkompetenzen dazu führen, dass sie sich überschätzen und glauben, dass nur sie der Welt guttun, weil nur sie die passenden Lösungen parat hätten. Oft paart sich diese Haltung mit einer Ignoranz für andere Ansätze. Wenn ihnen doch bloß die Zahlen recht geben würden: Die Weltlage in den Jahren um 2018 verschlechterte sich jedenfalls in jeglicher Hinsicht messbar.

Schaute man auf einige wichtige Kennziffern, zeigten sie eigentlich alle in die falsche Richtung. Die Treibhausgasemissionen, die Müllmengen, die Zahl bedrohter Arten, die Zahl der Extremwetterereignisse, die Zahl der Krebskranken, der Flüchtenden, der Armen, der Hungernden, alles stieg. Der UN-Klimakonferenz 2019 in Madrid wurde ein jämmerlicher Minimalkompromiss bescheinigt. Das gleiche Jahr ging als das bis dahin wärmste in die Geschichte ein. Der Weltbiodiversitätsrat mahnte mit einem neuen Report vor einem die ganze Menschheit bedrohenden Artensterben. Und der alljährliche Oxfam-Bericht kündete mal wieder von einer sich immer weiter öffnenden Arm-Reich-Schere. Immer weniger Menschen besaßen immer mehr, während immer mehr Menschen immer weniger hatten. Fast parallel dazu veröffentlichte Forbes seine neueste Liste mit den Reichsten der Welt, unter den ersten zehn, von Jeff Bezos bis Larry Page, nur Männer. Die Superreichen hätten, so Oxfam, im zurückliegenden Jahr 2,5 Milliarden US-Dollar pro Tag hinzugewonnen. Gleichzeitig konnten sich immer weniger Menschen aus extremer Armut befreien. Das Tempo, in dem die extreme Armut abnimmt – im übrigen eines der Nachhaltigkeitsziele der Vereinten Nationen –, hatte sich wieder merklich verringert, die Armut war in manchen Teilen der Welt sogar wieder angestiegen. Wörtlich hieß es im Oxfam-Bericht: „Soziale Ungleichheit trifft vor allem Frauen und Mädchen: Im weltweiten Durchschnitt besitzen Männer 50 Prozent mehr Vermögen als Frauen. Dafür beziehen Frauen um 23 Prozent niedrigere Gehälter und tragen die Last der Mängel im Gesundheits- und Bildungsbereich. Pro Jahr leisten sie unbezahlte Pflege- und Sorgearbeit im Wert von zehn Billionen US-Dollar – das entspricht etwa dem 38-fachen Jahresumsatz des VW-Konzerns."

In was für eine trostlose Welt, dachte ich mir, werden wir da geführt? Wo doch sicher eine gewaltige Mehrheit der Weltbevölkerung sich nach dem genauen Gegenentwurf sehnt. Einem gesunden und gerechten Leben in Frieden und im Einklang mit der Natur. Offensichtlich, so mein nächster Gedanke, sind die patriarchalen Strukturen, die dieses ausbeuterische System – gegen Natur wie Menschen – über Jahrhunderte hinweg aufbauen konnten, immer noch so stabil, dass wirkliche Veränderungen nur sehr, sehr schwer möglich sind – selbst für den ein oder anderen männlichen Reformer, selbst für die ein oder andere weibliche politische

Führungskraft, die zu dieser Zeit in Staaten wie Finnland, Island oder Deutschland am Ruder war. Welche Ironie, dass gerade in dieser deprimierenden Phase des Weltgeschehens ein Mädchen, ein fünfzehnjähriges Schulkind namens Greta, anfing, den Vernichtern unserer Welt Paroli zu bieten.

Aber was würde *ich* tun können? Denn das Thema betraf mich ja auch persönlich. Zu meinem unguten Gefühl für die großpolitische Wetterlage gesellten sich ganz eigene Erfahrungen, die ich als Frau in dieser Männerwelt gemacht hatte. Auf meinem Berufsweg war ich immer wieder

Pro Jahr leisten
FRAUEN
unbezahlte Pflege- und Sorgearbeit im Wert von
ZEHN BILLIONEN US-DOLLAR
—
das entspricht etwa dem 38-fachen Jahresumsatz des VW-KONZERNS.

1.1 DER MOMENT MEINES AUFBRUCHS

> Ist das nicht reine Mathematik? Wir können doch keinen Planeten mit **ACHT MILLIARDEN MENSCHEN** bewahren, wenn wir bei den Lösungen **VIER MILLIARDEN MENSCHEN, DIE FRAUEN,** ausbeuten und benachteiligen und ignorieren und glauben, auf ihre Kraft verzichten zu können?

in Situationen geraten, in denen ich dachte: „Wäre ich jetzt ein Mann, ginge es wahrscheinlich leichter!" Das Gleiche hörte ich auch von anderen Frauen. Damit meinen wir selbstverständlich nicht, dass wir das männliche Geschlecht um irgendetwas beneidet hätten, um die Gewieftheit mancher Exemplare etwa oder deren unnachahmliche Smartness, nein, gemeint sind damit die leichtere Koordination von Familie und Job, die leichtere Durchsetzung von Projekten, das leichtere Einsammeln von Investorengeldern. Bei mir kam noch etwas anderes hinzu. Ich hatte als selbstbewusste und freiheitsliebende Frau in unserer männerdominierten Wirtschaft immer das Gefühl, anzuecken, anders zu sein. Bestimmt auch, weil ich eher in maskulinen Feldern wie der IT-Branche gearbeitet hatte. Auf Dauer, das können sicher viele Leserinnen und Leser nachvollziehen, ist es ungeheuer anstrengend, sich immer wieder beweisen, Respekt erarbeiten und Vertrauen gewinnen zu müssen, um erst dann eine Chance zu erhalten. Zumal in einer Zeit, in der es dringend Lösungen für eine große Menge an Problemen braucht, mit denen ich mich einfach nicht abfinden will.

Und dann war er eines Tages erreicht, der Punkt, an dem mir klar wurde, dass ich jetzt etwas ändern sollte. Zum einen müsste ich konkrete, fassbare Lehren ziehen aus meinen Erfahrungen in der Wirtschaft und meinen Beobachtungen in der Politik. Zum anderen wäre es gut, meine Wut, meine Unzufriedenheit zu kanalisieren und in eine positive und konstruktive Richtung zu leiten, die weit größer ist als ich. Um mich ging es ja eigentlich gar nicht. Es ging um die vielen ungeborgenen Potenziale der Frauen, die wir gerade jetzt brauchen würden, jetzt, in einer Welt, in der es in den ökologischen und sozialen Räumen immer prekärer wird. Ich würde mich einsetzen müssen für die Frauen, die mit ihren Visionen für eine bessere Welt ebenso anecken wie ich, im Gegensatz zu mir bisher aber nicht weiterkamen. Ich meine Frauen, die hervorragende Geschäftsideen haben – nachhaltige, grüne, naturgemäße, menschliche –, aber nie das nötige Geld einsammeln können, um ihre Vision ins Leben zu bringen. Warum? Nicht weil sie sich unfassbar blöd anstellen würden, sondern weil die meist männlichen Investoren nun mal lieber männlichen Gründern ihr Geld anvertrauen und weniger weiblichen. Das ist keine kühne oder unfaire Behauptung, das ist die Realität, darüber gibt es Studien, Umfragen, Erfahrungen. Im zweiten Kapitel werde ich darauf noch näher eingehen. Diese Frauen, dachte ich mir damals, müsste man finanziell fördern, beraten, begleiten, damit ihr Traum vom grünen Start-up in Erfüllung geht und dem Planeten und damit uns allen zugutekommt. Den Herren der Schöpfung könnte man gleichzeitig beweisen, dass es auch anders geht. Dass wir die Töchter brauchen, um Mutter Erde zu heilen.

Das alles könnte man nun *feministisch* nennen oder in diesem konkreten Falle sogar *ökofeministisch*. Das ist es auch. Ich bin eine Ökofeministin, und das hier ist ein ökofeministisches Buch, aber längst nicht nur. Hier geht es um nichts weniger als die Rettung der Menschheit mithilfe *aller!* Der Frauen, der Männer, der Kinder und der Jugendlichen. Ist das nicht völlig logisch? Wir können doch keinen Planeten mit acht Milliarden Menschen bewahren, wenn wir bei den Lösungen vier Milliarden Menschen, die Frauen, ausbeuten und benachteiligen und ignorieren und glauben, auf ihre Kraft verzichten zu können. Und ich meine hier eben nicht ihre Kraft als Familienmanagerinnen, als Dem-Mann-den-Rücken-Freihalterinnen oder Feldarbeiterinnen, sondern als ernstzunehmende Kraft auf dem Feld der Wirtschaft, den großen Herausforderungen unserer Zeit aus einer weiblichen Perspektive heraus zu begegnen.

Um zu verstehen, was mich zu dieser Erkenntnis gebracht hat und welche Energie mich jeden Tag antreibt, möchte ich ein paar Jahre zurückspringen, in die Prägungen meiner Kindheit, meiner Jugend und in die Zeit als junge Frau.

1.2 Kindheit zwischen zwei Welten

Im Februar 1976, zwei Jahre bevor Franz Josef Strauß Ministerpräsident werden sollte, kam ich in München als mittleres von drei Geschwistern zur Welt. Wir waren die Kinder einer türkischen Gastarbeiterfamilie, die in einem konservativ-katholischen Umfeld neue Wurzeln schlagen musste. Mein Vater war 1971 aus Ostanatolien nach Deutschland gekommen. Er hatte sich im Zuge des deutsch-türkischen Anwerbeabkommens gemeldet und bekam – nach der damals üblichen Musterung – eine Stelle in einer bayerischen Düngemittelfabrik zugewiesen. Seit 1955 hatten bereits italienische Gastarbeiter nach Deutschland gefunden, ab 1961 folgten die Türken. Ich habe meinen Vater vor Kurzem noch einmal danach gefragt, warum er seine Heimat verlassen wollte, und er sagte mir, dass er sich dort einfach nicht mehr wohlgefühlt hätte. Es sei ihm zu eng gewesen. Er wollte weg, in die weite Welt. Was nicht heißt, dass er der Türkei für immer den Rücken gekehrt hätte. Immer im Sommer, zur Erntesaison, flog mein Vater zurück und half in den Aprikosenplantagen seiner Familie.

Aprikosen! Ostanatolien ist voll davon. Millionen von Aprikosenbäumen tauchen dort weite Landschaften in ein wunderschönes Orange. 95 Prozent der in Europa gehandelten Aprikosen kommen aus der Gegend um Malatya. Von den weltweit geernteten 3,5 Milliarden Tonnen sind stolze 800.000 Tonnen dort gewachsen. Die Menschen leben davon. Die Aprikose ist in der Region existenziell. Ohne Aprikose kein Leben. Man nutzt dort alles, was die Frucht hergibt, verarbeitet sie in alle möglichen Aggregatzustände und exportiert sie dann in die ganze Welt. Was in Bayern Leberkäs und Schweinshaxe oder in Norddeutschland Fisch und Krabben, ist in Ostanatolien die Aprikose. Für mich hat sie deshalb große Symbolkraft. Sie steht für meine Verwurzelung mit der Heimat – denn ich nenne die Tür-

APRI KO SEN!

OST- ANATOLIEN IST VOLL DAVON.

In der SCHULE wurde ich NICHT sonderlich gemocht.

kei meine Heimat, obwohl ich in München geboren bin –, zugleich ist die Aprikose Sinnbild für eine funktionierende langfristige Zusammenarbeit mit der Natur. Aus diesem Grund haben wir auch die Aprikose und ihren Orangeton zum optischen Leitbild dieses Buches gemacht.

Mein Großvater unterhielt 100 Hektar Aprikosenplantagen und veranlasste in seinem Testament die gerechte Aufteilung der Flächen an seine fünf Kinder, zwei Mädchen, drei Jungs. Einer der Jungs war mein Vater, der Gastarbeiter. Aus seinen 20 Hektar machte er mit der Zeit 62 Hek-

1.2 KINDHEIT ZWISCHEN ZWEI WELTEN

tar, die ich ihm inzwischen abgekauft habe, damit die Tradition fortgesetzt wird. Meine Mutter lernte meinen Vater 1972 kennen, im selben Jahr seines beginnenden „Zweitjobs" in Deutschland. Doch die Verbindung hielt. Die beiden heirateten, und 1974 zog meine Mutter mit nach München. Während mein Vater einen bäuerlichen Hintergrund hatte, stammte sie aus einer wohlhabenden und gebildeten Kaufmannsfamilie. In beiden Zweigen gab es starke Frauen, die in den Familien die Fäden in der Hand hielten. Zeytun beispielsweise, die Mutter meiner Mutter, nannte man sogar „die Generälin". Als Kind habe ich jede Sommerferien dort verbracht, in diesem winzigen Dorf in der Nähe der Kleinstadt Akçadağ, und konnte immer sehr gut erkennen, dass im familiären Mikrokosmos der Türkei – im Gegensatz zum gesellschaftspolitischen Makrokosmos – meist die Frauen das Sagen hatten. Ja, die Frauen teilten den Männern klar und deutlich mit, was sie zu tun haben, was besorgt werden muss oder welche Verbesserung das Haus verlangt. Die Dominanz vieler türkischer Frauen innerhalb der eigenen vier Wände ist übrigens auch heute noch der Grund dafür, dass sich ihre Männer tagsüber in diesen türkischen Cafés herumtreiben. Da konspiriert nicht das alte Patriarchat, da schütten sich Familienflüchtlinge ihr Herz aus.

In den Sechziger- und Siebzigerjahren wohnten die türkischen Gastarbeiterfamilien nicht im besser situierten München-Allach, wie wir es taten. Sie wohnten am Hasenbergl oder in Neuperlach in ghettoartigen Siedlungen, wo die Einwanderer unter sich waren. Aber das wollte meine Mutter nicht. Mein Vater folgte ihrem Wunsch und stieß auf die Wohnung eines Stadtrats der CSU, die er anmietete. Der Politiker wohnte im Vorderhaus, meine Eltern im Hinterhaus auf anderthalb Zimmern. Schon damals gab es in München nicht viele Wohnungen, die man sich als junges Paar leisten konnte, zumal als Einwandererpaar. 70 Prozent des Gehalts meines Vaters gingen für die Miete drauf, aber er konnte ja immer auch auf die Einnahmen vom Aprikosenverkauf in der Türkei zurückgreifen. Das Ganze war ein Glücksfall. Als meine Mutter nach Deutschland kam, hatte sie nur deutsche Nachbarn. Sie hatte keine Türken um sich, lebte nicht in Little Istanbul, sondern musste Deutsch lernen und im echten München zurechtkommen. Wahrscheinlich eine der härtesten Prüfungen, der man damals in Bayern unterzogen werden konnte, in einer Ecke, in der jener „Kruzitürken!"-Fluch zum guten Ton gehörte. Wer es hier schaffte, den konnte im Leben nicht mehr viel aus der Ruhe bringen.

In der Schule wurde ich nicht sonderlich gemocht. Mein Bruder und ich waren die einzigen Türken auf dem Gymnasium am Waldfriedhof, das als relativ schwer und konservativ galt. Anfeindungen hatte ich nie erlebt in München, aber ich fiel auf. Nicht nur als Gastarbeiterkind. Ich war auch sonst anders. Ich war eher mit den Jungs zusammen als mit den Mädchen. Ich spielte Räuber und Gendarm und natürlich Fußball. Ich war großer Fan des

1.2 KINDHEIT ZWISCHEN ZWEI WELTEN

FC Bayern und ganz besonders von Lothar Matthäus, der nach München wechselte, als ich acht war. In der Schule hielt ich mich eigentlich ganz gut. Deutsch, Geschichte und Ethik waren meine liebsten Fächer. Da konnte man diskutieren, das mochte ich, das kannte ich von zu Hause. Dazu muss ich anmerken, dass ich eine kleine Rebellin war, dass ich gegen alles rebellierte, was von meinen Eltern kam. Denn der Familienauftrag meiner Eltern an uns Kinder lautete: „Wir sind nach Deutschland gekommen, aber wir dürfen auf keinen Fall werden wie die Deutschen! Wir dürfen auf gar keinen Fall den Verwandten in der Türkei die Möglichkeit geben, uns vorwerfen zu können, dass die Tochter mit jedem in die Kiste geht oder der Junge drei Ohrringe im Ohr hat, zerrissene Hosen trägt oder drogenabhängig geworden ist!" Diese Angst ist, glaube ich, in jeder Gastarbeiterfamilie vorhanden gewesen. Kurzum, wir wurden bei aller Anpassung nach türkischen Werten erzogen: Die Familienehre musste gepflegt, sexuelle Enthaltsamkeit gelebt, die Freizeit mit der Familie verbracht werden. Der Aufbau einer eigenen Welt? Fehlanzeige. Vorerst.

In Deutschland, als Gastarbeiterkind, wurden diese Werte noch mehr eingefordert. Deutschland galt nicht direkt als Sündenbabel, aber doch als ein Land, das auf ganz anderen Traditionen fußte, jeden Tag reichlich Verführungen anbot und sich vieles davon bei den Amerikanern abgeschaut hatte. Die türkischen Eltern waren daher gehalten, aufzupassen, dass sich die Kinder in der eigenen Tradition wiederfinden und nicht in der Tradition der Deutschen. Aber was wussten die allermeisten Türken schon über die Deutschen? Es gab damals keinen wirklichen Austausch. Viele kannten dieses Volk ja nur über die türkischen Nachrichten. Die Türken dachten, dass die Deutschen jeden Tag alle nur denkbaren Teile vom Schwein essen, aber vor allem, dass ihre individualisierte Gesellschaft aus lauter Einzelgängern bestehen würde, die keinen Kontakt mehr zur eigenen Familie brauchen oder wollen. Auch die Religion hat sicher eine Rolle gespielt oder eher: die Unwissenheit über die Religion der anderen. Das gilt für beide Seiten. Die Unwissenheit war für die Integration sehr hinderlich, ganz unabhängig von meiner Familie, die nicht sonderlich religiös war. Auf einer Skala von 1 bis 10 lag sie vielleicht bei einer 2. Das einzig Religiöse, das man bei uns im Haus entdecken konnte, war der Koran, den meine Mutter als Teenager mal von ihrem Vater geschenkt bekommen hatte. Ansonsten gab es keinerlei religiöse Symbolik und auch keine Rituale. Man muss nicht fünf Mal am Tag beten, um religiös zu sein. Meine Eltern haben ihre Religion eher gelebt. Besonders meine Mutter war der festen Überzeugung, dass man armen Leuten helfen muss, weil es die Religion von einem verlangt. Das Thema Nächstenliebe wurzelte sehr, sehr tief in ihr. Sie sagt, dass das mit der Religion verbunden sei, ich glaube aber, dass es in ihrer Persönlichkeit angelegt war.

1.3 Erster Kontakt mit Feminismus

So sehr mich die türkische Kultur geprägt haben mag: Entscheidend dafür, dass ich mich bereits mit 13 für Frauenrechte eingesetzt habe, war die Tatsache, dass sich *mein* Leben in Deutschland trotzdem stark unterschieden hat von dem Leben anderer türkischer Frauen in Deutschland. Ich musste gut sein in der Schule, ich musste lernen, ich sollte aufs Gymnasium gehen. *Müssen* im Sinne davon, die Bildungschancen in diesem Land wahrzunehmen. Denn auch das hatten mir meine Eltern eingetrichtert: „Wir sind in diesem Land, wir haben diese Chancen, wir müssen für unsere Kinder etwas daraus machen! Mit einem Hauptschulabschluss kannst du nicht viel anfangen. Also, streng dich an!" Ich sah ein, dass es Sinn ergab, diesen Bildungsweg zu gehen, den viele Gastarbeitertöchter nicht gingen, und so wurde ich wahrscheinlich deutscher, zielstrebiger, ehrgeiziger als manche Deutsche. Gleichzeitig nahm ich mir nach und nach und trotz der Bedenken meiner Eltern alle Freiheiten. Ich rebellierte gegen die Einengung, das Leben in Deutschland an die Erwartungen der Türken anpassen zu müssen. Ich ging abends mit meinem Bruder aus, ich fuhr S-Bahn, ich zog an, was ich wollte. In dem ethisch-moralischen Rahmen, der auch für Deutschland galt, konnte ich mich schließlich komplett frei bewegen. Viele andere Mädchen aber nicht. Die sind mit dem Kopftuch und bedeckter Kleidung aus dem Haus gegangen, bogen um die Ecke, und dann erst zogen sie alles aus, was ihnen nicht passte, drunter trugen sie Jeans. Für diese Mädchen wollte ich einstehen!

„WIR SIND IN DIESEM LAND, WIR HABEN DIESE CHANCEN, ALSO STRENG DICH AN!"

„Weil ihr zu *dumm* seid,
um für eure Rechte zu kämpfen,
KÄMPFE ICH FÜR EUCH,
obwohl ich das nicht muss!
Ich bin eine freie Frau,
aber ihr seid zu *dumm!*"

Feministin Necmiye

1.3 ERSTER KONTAKT MIT FEMINISMUS

Das tat ich nicht irgendwo, sondern in der Initiativgruppe München. Schon lange vor meiner Zeit war sie gegründet worden, um bei der Integration von Einwandererfamilien in Deutschland zu helfen – und die größte ausländische Gruppe damals waren die Türken. Die Gruppe war Anlaufstelle für Frauen, die weder lesen noch schreiben konnten, Frauen, die in ihrem Alltag Hilfe brauchten, um mit dem neuen Leben hier in Deutschland zurechtzukommen. Ab einem Alter von sechs, sieben Jahren hielt ich mich dort jedes Wochenende auf, auch meine Mutter, die später sogar anfing, für die Initiative zu arbeiten. Doch da gab es noch eine andere Frau, die mich sehr beeindruckte und beeinflusste. Eine Freundin meiner Mutter. Eine Hardcore-Feministin namens Necmiye. Ihre Familie kam ursprünglich aus der Mongolei, es waren Tataren, die irgendwann mal in die Türkei und dann nach Deutschland eingewandert sind. Sie war studierte Meteorologin, gab Deutschkurse, ging mit den Frauen zu den Behörden. Und sie bläute ihnen ein: „Ihr habt Rechte! Und wenn *ihr* sie nicht einfordert, wer dann?" Sie begleitete die Frauen auch nach Hause und stritt sich mit deren Männern. Dann hat sie sich die Söhne dieser Frauen geschnappt und geigte ihnen die Meinung. Sie hat tagtäglich auf die Frauen eingeredet, sich ihre Freiheiten zu holen. „Ihr müsst einen Beruf haben!", rief sie. „Ihr müsst lesen und schreiben lernen! Ihr müsst unabhängig sein von euren Männern, ihr dürft euch nichts von ihnen sagen lassen!"

Viele Männer haben sie beschimpft. Manchmal auch mein Vater, obwohl er sie eigentlich sehr gerne mochte. Für ihn war sie eine positiv verrückte Frau. Er hielt sie für träumerisch. Sie hatte Visionen von einer gleichberechtigten Welt im Kopf, die man seiner Ansicht nach kaum würde umsetzen können. Aber er hat sie auch gegen jeden verteidigt, wenn sie nicht da war. „Wieso? Sie hat doch recht! Warum sollen Frauen nicht einen Beruf erlernen können?" Necmiye nannte sich selbst Feministin, und es war das erste Mal in meinem Leben, dass ich dieses Wort hörte. In ihrer Impulsivität schonte sie die Männer nicht, aber die Frauen ebenso wenig: „Weil ihr so dumm seid, nicht für eure Rechte zu kämpfen, kämpfe ich für euch, obwohl ich das nicht muss! Ich bin eine freie Frau, aber ihr seid zu dumm!" Die Frauen, die sie ansprach, waren ihr nicht böse, sahen das nicht als Beleidigung. Sie wussten, dass sie sie aus der Reserve locken wollte, wenn sie mal wieder ihre provokativen Fragen stellte: „Warum lasst ihr euch unterdrücken? Warum können eure Töchter nicht kurze Röcke tragen? Warum seid ihr abhängig vom Mann? Der Mann darf nicht über euer Leben bestimmen. Ihr seid keine Tiere!" Sie schoss mit ihren Appellen manchmal übers Ziel hinaus. Trotzdem war das in Ordnung, weil die Frauen dadurch anfingen nachzudenken. Sie gingen nicht auf die Straße, aber sie stellten plötzliche Dinge infrage, was bei ihnen zu Hause nicht so gut ankam, weil tradierte Muster gebrochen wurden. „Ich habe Rechte, stimmt! Meine Tochter

> **MEIN Kampf um GLEICHBERECHTIGUNG hätte *ohne* meinen KULTURELLEN HINTERGRUND NIEMALS DIESE ENERGIE.**

sollte freier sein, stimmt! Meine Tochter sollte lernen und eine Ausbildung machen, stimmt!" Diese Frau hat bei mir den Samen gepflanzt. Als ich 16 war, nahm sie mich an ihre Seite, um auch die Töchter der Migrantinnen abzuholen. „Du musst mit den Mädchen reden!" Sie hat mich eingespannt in ihre Mission. Ich liebte diese Frau! Sie war auch die Erste, die in München zum Goethe-Institut gelaufen ist und ganz vehement um professionelle Deutschkurse für türkische Frauen bat. Als nichts passierte, wurde sie selbst aktiv.

Erst später zog das Goethe-Institut nach. Sie hatte so viele Ideen. Ideen, die heute alltäglich sind. Sie formte mich mehr zur Rebellin als meine eigenen Eltern. Necmiye war übrigens nie verheiratet. Mein Vater sagte immer: „Kein Mann will sie!" Ich sagte: „Vielleicht will sie keinen Mann!"

In ihrem Sinne versuchte ich also damals, die gleichen Rechte für Mädchen durchzusetzen, die auch die Jungs für sich in Anspruch nahmen. Wie wäre es mit einer Party zum Zuckerfest, dem Tag des

1.3 ERSTER KONTAKT MIT FEMINISMUS

Fastenbrechens, an der *beide* Geschlechter teilnehmen können? Wie wäre es, die Eltern einzuladen, die ihre Kinder mit Verboten überziehen, um dann mit ihnen Vertrauensgespräche zu führen? Wie wäre es, betreute Wohngruppen für Frauen und deren Töchter zu finden, die zu Hause geschlagen werden? All das hat funktioniert. Das hat unglaublichen Auftrieb gegeben und das Gefühl vermittelt, dass wir wirklich etwas bewegen können, Gesellschaft nicht nur hier und da ein bisschen gestalten, sondern grundlegend transformieren können. Diese Erfahrungen im München der Achtziger- und Neunzigerjahre haben das Fundament gelegt für mein heutiges Engagement. Mein Kampf um Gleichberechtigung hätte ohne meinen kulturellen Hintergrund niemals diese Energie. Ich bin von Hause aus ein Mensch, der gegen Ungerechtigkeit und Unfreiheit kämpfen will, aber dass ich das im Bereich der Frauen tue, hat sicher mit meiner Biografie zu tun.

Die ursprüngliche Frauengruppe trifft sich immer noch jeden Samstag. Die *IG-Initiativgruppe Interkulturelle Begegnung und Bildung e. V.,* wie die ganze Organisation im schönsten Behördendeutsch heute heißt, hat ihr Angebot stark erweitert. Zu den Frauenthemen sind Bildungsthemen für Schülerinnen und Schüler gekommen, Kurse zum Thema Gesundheit, Altersarmut oder Traumaaufarbeitung. Es sind nun auch Bosnierinnen dabei, Syrerinnen, Spanierinnen, Rumäninnen, Russinnen und Ukrainerinnen. Meine Mutter ist weiterhin jede Woche dort und bietet Fortbildungen für Frauen ihrer Generation an.

Die Impulse, die ich von dort bekam, sorgten auch dafür, dass ich damals regelmäßig zum Kiosk ging und mir die *EMMA* kaufte. Ich mochte Alice Schwarzer, ich erinnere mich auch noch gut an ihren Fernsehauftritt 1988 bei *Wetten, dass ..?*, aber manches, was sie damals von sich gab, war mir zu hart, zu aggressiv, zu abgrenzend. Auch ich bin zur Feministin geworden, ja, aber ich habe mich früh dafür entschieden, nicht gleich das gesamte Patriarchat stürzen zu wollen. Und erst recht gehörte ich nicht zur Fraktion der hasserfüllten „*Schnipp-schnapp Schwanz ab*"-Aktivistinnen. Mir reichten gut gewählte Worte als Waffen. Worte, die dazu führen, dass jemand anfängt, über etwas nachzudenken, etwas infrage zu stellen – aufseiten der Frauen wie der Männer. Niemand muss sofort alles stehen und liegen lassen und zu einer Feministin oder einem Feministen werden. Ich bin schon zufrieden, wenn männliche Investoren, die die Möglichkeit haben, zwischen dem Start-up eines Mannes und dem Start-up einer Frau zu wählen, sich das Projekt der Frau noch ein zweites und drittes Mal anschauen, bevor sie mal wieder dem Mann den Zuschlag geben. Oder sie fangen an, direkt und ganz gezielt nach einem weiblichen Start-up zu suchen. Das ist mein Ziel. Ich selbst war immer in der Lage, mich von Leuten mitreißen zu lassen, das will ich auch hier erreichen. Ich möchte Motivation und Empathie entfachen, damit die Leute – Frauen wie Männer – mit mir auf die Reise gehen.

1.4 DIE EXTRAMEILE DER FRAUEN IM BERUF

Das, was ich heute mache, hat nur indirekt mit meinem ersten Berufswunsch zu tun. Ich kann mich schwach daran erinnern, dass ich mal Ärztin werden wollte, allerdings nicht in der Unbedingtheit, dass ich diesen Wunsch auch verfolgt hätte. Ich glaube, darüber lag eher das Thema, Menschen helfen und sie weiterbringen zu wollen – über den Feminismus hinaus. Empfand ich damals etwas als komplett ungerecht, setzte ich mich sofort dafür ein. Ich habe viele Klamotten von Obdachlosen zum Waschen nach Hause gebracht, da ich der Ansicht war, dass sie auch saubere Kleidung verdienen. Wie viel Streitereien hatte ich darüber mit meinen Eltern! „Nein, die Anziehsachen der Flaschensammlerin kommen nicht in unsere Waschmaschine!" Irgendwann bin ich dann damit in den Waschsalon gegangen und später in den Waschkeller meiner ersten eigenen Wohnung. Das Interessante daran war, dass ich die Leute, deren Sachen ich wusch und für die ich mich einsetzte, gar nicht kannte. Woher auch. Anderen kam das immer seltsam vor, und oft habe ich gehört: „Sei doch mal ruhig! Misch dich nicht immer ein! Und erst recht nicht in Streitereien! Das geht dich doch gar nichts an!" – „Nein!", rief ich außer mir. „Er lügt, ich war doch dabei!" Meine Mutter ist der festen Überzeugung, dass ich mir irgendwann noch einmal richtigen Ärger einhandele.

Als ich nach meinem Studium – ich entschied mich für Kommunikations- und Medienmarketing – in die Berufswelt ging, wurde mir das erste Mal bewusst, dass Frauen die berühmte Extrameile gehen müssen. Auch diese Erfahrung hat mit meinem heutigen Engagement zu tun. Ich arbeitete im Marketing einer amerikanischen Computerfirma, so allgemein möchte ich das hier mal ausdrücken. Dort wurde mir klar, dass Frauen, egal wo sie arbeiten, immer sexualisiert werden. *Die* Frauen, die weitergekommen sind, waren alle blond, sehr maskulin, und sie hatten ihre Weiblichkeit fast abgelegt. *Die* Frauen, die ihre Weiblichkeit gelebt haben oder weiblicher waren, wurden von diesen Frauen schlecht behandelt, schlecht betitelt und in allem blockiert. Ich war nicht gerade hässlich, sah durch meine schwarzen Haare vielleicht etwas exotischer aus. Entsprechend haben sich gern männliche Kollegen mit mir unterhalten, wobei ich jedoch häufig schnell unangenehme Nuancen wahrnahm. Ich musste immer vehement sein und Grenzen ziehen. Diese ständige Sexualisierung nagt an einem. Mit dem Wissen von heute war das MeToo, wie es im Bilderbuch steht. „Wenn du den Posten willst, dann musst du ein bisschen nett zu mir sein!" Die eine oder andere Hand lag schon mal etwas länger auf meinem Oberschenkel, und dann habe ich sie weggeschoben. Um nicht als blöde Zicke oder Spielverderberin dazustehen, hat man jedoch auch mal Grenzverschiebungen nicht sexueller Art zugelassen. Man hat mitgemacht, mitgetrunken, mitgefeiert. Das war bei mir nicht anders, aber in mir stieg dabei ein immer klarerer Gedanke auf: „Das ist nicht okay!" Das Bewusstsein von heute existierte damals nicht. Und ich vermute mal, dass ausnahmslos alle, die damals schon berufstätig waren und diese Zeilen lesen, Frauen wie Männer, ähnliche Erfahrungen gemacht haben. Mit der Geburt meiner ersten Tochter formte sich dieser Wunsch noch stärker: eine Gesellschaft zu schaffen, die sie – und inzwischen sind es zwei Töchter! – vor genau diesen Aktionen bewahrt.

Auch der Umgang mit beiden Schwangerschaften war typisch für diese Zeit. Ich habe meinen beiden in Amerika

Die FRAUEN, die weitergekommen sind, waren alle BLOND, SEHR MASKULIN, und sie hatten ihre WEIBLICHKEIT fast abgelegt.

1.4 DIE EXTRAMEILE DER FRAUEN IM BERUF

beheimateten Auftraggebern bis zur Geburt nicht gesagt, dass ich schwanger bin. Warum habe ich das verschwiegen? Stellen Sie sich vor, Sie übertragen einer Frau in einem Konzern exklusiv die Verantwortung für ein ganzes Land oder eine Region. Und dann sagt sie Ihnen ein paar Monate später, dass sie schwanger ist. Wenn Sie als Firmenchef ein extrem wichtiges Projekt aufzubauen haben, geben Sie das keiner Schwangeren. Weil Sie wissen, was in der Schwangerschaft alles passieren kann. Weil Sie wissen, dass die Frau kurz vor und nach der Geburt nicht zur Verfügung steht, nehmen Sie einen Mann. Meine zweite Tochter habe ich viel zu früh in der 32. Woche bekommen. Die Wehen setzten plötzlich ein, an einem Montagabend. Wir hatten gerade ein großes IT-Projekt in der Türkei zu stemmen, es galt als sogenannter Milestone. Es gab Probleme mit dem Zoll, wo wichtige Ware festhing, und bei mir kündigte sich das Baby an. „Du atmest so schwer, was ist los?", fragte mich mein Auftraggeber am Telefon. „Ich glaube, die Wehen haben eingesetzt ..." – „Was? Du bist schwanger?" – „Ja, ich bin schwanger. Ich bringe jetzt das Kind auf die Welt, meine Mitarbeiter kümmern sich währenddessen um den Zoll, lass uns morgen wieder sprechen." Ich weiß natürlich nicht, was die Amerikaner gesagt hätten, wenn ich sie rechtzeitig eingeweiht hätte, aber ich hatte Angst vor einer negativen Antwort. Und die spontane Reaktion zeigte mir, dass sie wohl tatsächlich negativ ausgefallen wäre. Mein Chef war total schockiert. Er versicherte zwar, dass er mir den Job trotzdem gegeben hätte. Aber das glaubte ich ihm nicht. Ich hätte ihn mir wahrscheinlich auch nicht anvertraut.

Am frühen Morgen um 7.04 Uhr war meine Tochter da, am Nachmittag schrieb ich wieder E-Mails wegen dieses Zollproblems. Und ich habe mich gut dabei gefühlt. Ich wollte Mutter werden und gleichzeitig diese Arbeit schützen, weil sie mir Spaß machte. Doch je tiefer ich in das Job-Familie-Dilemma eingestiegen bin, umso mehr regte es mich auf, dass wir Frauen immer noch nicht die Basis haben, die es uns erlaubt, frei zu arbeiten und frei zu entscheiden. Ich habe mich damals freiwillig in das Getriebe gefügt. Es hat mich keiner gezwungen. Doch es ärgerte mich und ärgert mich noch immer, wenn ein Mann sagt: „Meine Frau arbeitet nur 50 Prozent. Die restliche Zeit ist sie für die Kinder da." Nein! Deine Frau arbeitet 100 Prozent, aber nur für 50 Prozent wird sie bezahlt! Wir müssen uns in unserer durchkapitalisierten Gesellschaft endlich von dem kranken Dogma verabschieden, dass nur das zählt, was in Rechnung gestellt wird. Wir müssen das indirekte wirtschaftliche Engagement monetarisieren, auch um es rentenrelevant zu machen. Deswegen möchte ich jetzt Frauen eine Plattform geben, die es ihnen erlaubt, überhaupt mal eine Chance zu haben, mit ihren Visionen, Ideen und Lösungen weiterzukommen – unabhängig von Mann, Kind, Familie und Geld.

Deswegen möchte ich jetzt Frauen eine Plattform geben, die es ihnen erlaubt, überhaupt mal eine Chance zu haben, mit *ihren* VISIONEN, IDEEN und LÖSUNGEN weiterzukommen —

unabhängig von MANN, KIND, FAMILIE und GELD.

1.5 Die Situation in der Türkei

Ich werde oft gefragt, ob es denn in der Türkei nicht viel schlimmer sei mit der Gleichberechtigung. In der Frage liegt schon die erwartete Antwort. Aber die Antwort ist Nein. Nicht unbedingt. Man muss die Sache differenzierter sehen. Ja, es stimmt, 2021 ist die Türkei aus der Istanbul-Konvention, dem *Übereinkommen des Europarats zur Verhütung und Bekämpfung von Gewalt gegen Frauen und häuslicher Gewalt,* ausgetreten. Das lässt tief blicken, sagt aber nichts über die 86 Millionen Türkinnen und Türken. Ich habe vorhin ja bereits erzählt, welche starke Rollen die türkischen Frauen sehr oft in den Familien einnehmen. Sie machen die Ansagen. Sie sind die Planerinnen des Alltags. In der Arbeitswelt, in den Unternehmen, ist das, genau wie in westlichen Ländern, natürlich noch nicht der Fall, wobei ich auf meinen Reisen im Nahen Osten durchaus überrascht werde, wenn ich sehe, dass immer mehr Frauen in den Führungsetagen sitzen, teils mehr als in Deutschland.

Ich möchte an dieser Stelle eine kurze Geschichte erzählen von einer Frau, die *nicht* in einem blitzenden Büroturm sitzt. Auf dem Foto auf dieser Doppelseite seht ihr Ümran. Es entstand in der Heimat meiner Familie, auf den Gemüsefeldern Ostanatoliens. Ümran wurde als Gastarbeiterkind in Gummersbach geboren, sie machte dort ihr Abitur, wurde dann von ihrem Vater mit ihrem Cousin väterlicherseits verheiratet. Ihr Mann ist mein Cousin mütterlicherseits. Zurück in der Türkei musste sie ihr Kopftuch anziehen, weil ihr Vater streng religiös war. Auf dem Dorf arbeitete sie mit ihm als Bäuerin. Bevor Sie Mitleid bekommen, nein, diese Frau ist visionär! Mit 38 Jahren wurde es ihr zu blöd, und sie eröffnete in der Stadt einen Unterwäscheladen für Frauen. Zehn Jahre lang lebte sie ihren Traum, zog gleichzeitig die Kinder groß. Danach verspürte sie wieder den Drang, sich zu verändern. Sie gab den Unterwäscheladen auf und versuchte es mit einem Food Shop. Seitdem kocht sie zwei, drei Essen pro Tag aus den Produkten, die auf dem Land produziert werden. Was ich sagen will: Wenn man visionär im Kopf ist, kann einen kein Kopftuch aufhalten! Ümran hat ihren Weg gemacht, trotz der widrigen Umstände, trotz der türkischen Verhältnisse. Und das machen *mehr* Frauen im Nahen Osten, als man denkt. Ja, sie passen sich den Gegebenheiten an, aber es gelingt ihnen, innerhalb dieser Gegebenheiten die Grauzonen auszunutzen.

WENN MAN VISIONÄR IM KOPF IST,

KANN EINEN KEIN KOPFTUCH AUFHALTEN!

1.5 DIE SITUATION IN DER TÜRKEI

Diese Frauen sind Feministinnen, ohne dass sie sich als solche bezeichnen würden. Vielleicht ist das dort auch der bessere Weg. Denn viele Frauen in der Türkei – wie übrigens auch in Deutschland – haben mir erzählt, dass die radikale, aggressive, konfrontative, allzu fordernde Form des Feminismus den Frauen mehr geschadet als geholfen hat. Warum? Erstens, weil viele Männer jetzt nicht mehr zuhören und sich aus der Debatte verabschiedet haben. Zweitens, weil manche Forderung schneller durchgesetzt war als die Transformationen in Politik und Wirtschaft, sodass die Frauen jetzt Arbeit *und* Kinder am Hals haben und völlig überfordert sind. Stellen Sie sich eine Frau vor, die es endlich in eine Führungsposition geschafft hat, jetzt aber ihrer Mutterrolle nicht mehr genügen kann, weil man die Vereinbarkeit in ihrer Firma immer noch nicht auf dem Zettel hat.

Und wie sieht es mit der Nachhaltigkeit aus, die ich über mein Engagement mit dem Frauenthema in Verbindung bringen möchte? Wie sieht es damit in der Türkei aus? Ich selbst wurde in meinem Umweltbewusstsein vor allem von zwei Ereignissen geprägt. Der Atomkatastrophe von Tschernobyl 1986, während ich selbst Kind war, und dem Dioxinskandal 2011, während meine erste Tochter aufwuchs. Beides hat mir ungeheure Angst gemacht. Tschernobyl steht für mich für die Schäden, die der Mensch dem Planeten zufügt, weil er die Kraft der Technologien, die er entwickelte, nicht wirklich beherrschen kann. Die dioxinverseuchten Eier stehen für mich für die Skrupellosigkeit und die Fahrlässigkeit, mit der in manchen Konzernen Geschäfte gemacht werden.

So normal Aufmärsche von Fridays for Future oder Störaktionen der Letzten Generation in Deutschland inzwischen sind, sucht man sie in der Türkei vergeblich. Die Masse der Menschen kommt leider immer noch mit Plastiktüten aus dem Supermarkt. Auch dazu eine kleine Geschichte. Die sechs Wochen, die ich im Sommer dort bin, gehe ich mit meinem eigenen Beutel zum Bäcker und bitte ihn, mir das Brot da hineinzupacken. „Nein, das kann ich nicht machen", sagte er jahrelang empört, „da wird das Brot doch schmutzig!" – „Aber *ich* esse es doch. Es ist *mein* Brot. Ich habe kein Problem damit, dass es schmutzig wird. Aber ich habe ein Problem damit, dass es in Plastik verpackt wird." Es war jeden Tag das gleiche Spiel mit dem Bäcker. „Sevi", meinte er, „irgendwann werde ich dich dazu bringen, dass ich dir die Brote einzeln in Plastik verpacke." – „Nein", sagte ich, „niemals! Warum hast du eigentlich keine Papiertüten?" – „Die Leute würden glauben, dass ich damit Geld machen will, weil sie teurer sind. Außerdem wollen die Leute die Plastiktüten, weil sie die hinterher als Mülltüten nutzen." Am Ende meines jüngsten Urlaubs war dann der Moment gekommen: *Ich* hatte *ihn* so weit. Widerstandslos legte er mir das Brot in den Beutel, und er bot mir sogar an, einen zweiten Beutel in der Bäckerei zu lassen, in den er schon vorab das Brot für mich verwahren könnte. Ein kleiner Erfolg.

Beim Umweltbewusstsein der Bevölkerung sind allerdings keine großen Veränderungen wahrzunehmen. Die Verbraucher verändern sich bisher nicht wirklich. Da wo wir in Deutschland oft übers Ziel hinausschießen, bleibt man in der Türkei immer noch in den Anfängen stecken. Allein die Strände! Jeden Abend sind sie voll mit Plastikflaschen. Dann räumen ein paar gute Seelen diese Plastikflaschen weg, und am nächsten Tag ist der Strand wieder voll damit. Ich glaube, ein Plastiktüten- oder Plastikflaschenverbot würde in der Türkei einen größeren Proteststurm auslösen als der Wegfall von Kinderrechten. Die türkische Gesellschaft ist verschmolzen mit Kunststoffen, die aus Erdöl gefertigt wurden.

Fängt man an, mit den Leuten zu diskutieren, trifft man auf drei Lager. Die einen geben zu: „Du hast ja recht", und schränken gleich wieder ein, „aber es liegt doch nicht an mir und meiner Plastiktüte oder meiner Plastikflasche. Davon wird die Welt doch nicht gerettet." Daher macht niemand etwas. Weder Männer noch Frauen. Weitere Erklärungen nutzen absolut nichts. Das kennen wir aus Deutschland. „Wieso? Das Kreuzfahrtschiff legt doch auch ohne mich ab!"

Dann gibt es das zweite Lager, das stark religiös beeinflusst ist. Ich führe hier nur mal das Erdbeben von 2023 an, das 80 Prozent der Provinzhauptstadt Malatya in Schutt und Asche legte, übrigens auch das Haus im Bergdorf meiner Eltern. Der Wiederaufbau geht sehr langsam voran. Aber die Bürgerinnen und Bürger sind nicht etwa sauer auf die Führung. Der Bürgermeister hat ihnen gesagt, dass das alles passiert ist, weil die Menschen sich zu wenig an Allahs Gebote gehalten und Alkohol getrunken haben, ans Meer gefahren sind, sich haben scheiden lassen. Deswegen hat er ihnen das Leid geschickt. Die Leute glauben das wirklich. So religiös wird dort noch in der Politik argumentiert. Umso wichtiger ist Bildung für Frauen, denn sie erziehen die Kinder. Die Frauenbildung liegt in dieser Region bei knapp über null. Es gibt zwar eine Universität, und natürlich versuchen die Gebildeteren ihre Kinder später dort hinzuschicken, aber von staatlicher Seite wird nichts geleistet, um die Bildung der Frauen zu steigern. Dem Staat passt ganz gut in den Kram, dass die Menschen und vor allem die Frauen ungebildet bleiben und sich ausschließlich innerhalb der eigenen Familie engagieren. Gibt es auch hier eine Parallele zu Deutschland? Ich denke schon. Wenn wir hierzulande Sprüche hören wie „Ich lasse mir mein Schnitzel nicht nehmen!", dann haben wir es mit quasi-religiösen Fragen zu tun, gegen die man selbst mit vernünftigen Argumenten nur schwer ankommt. Ernährung ist zwar Privatsache, aber keine Religion. Ein Hinweis darauf, dass zu viel Fleisch weder Klima noch Umwelt

1.5 DIE SITUATION IN DER TÜRKEI

noch Körper guttut, sollte inzwischen zur Allgemeinbildung gehören und nicht von der Politik instrumentalisiert werden, um unterinformierte Bürger aufzuhetzen.

Die dritte Gruppe ist gefangen in den täglichen Routinen, dem täglichen Existenzkampf. Kennen Sie das Bild von dem Menschen, der hinter Gittern sitzt und der nicht nach dem (erreichbaren) Schlüssel greift, der ihn befreien könnte, sondern nach dem danebenliegenden Brot? So ist das hier. Die Menschen in der Türkei und in vielen, vielen anderen Teilen der Erde sind in erster Linie damit beschäftigt, ihren Alltag auf die Reihe zu kriegen, die Grundbedürfnisse zu stillen, gerade in Zeiten extrem hoher Inflation. Diskutiert man dort mit einem Bauern über die Nutzung von Pestiziden, wenn er mit seiner Ernte gerade so über die Runden kommt? Wenn man ihm erklärt, dass doch alles mit allem zusammenhängt, dass er nur deshalb so wenig erntet, weil er Pestizide benutzt, weil er den Boden ausgebeutet hat, weil das Wasser nicht mehr gehalten werden kann, und man ihm dann sagt, dass er aus dem Teufelskreis durchaus herauskommen könnte, wenn er den Boden zwei Jahre nicht bewirtschaftet, dann erklärt er einen für verrückt. Denn niemand hilft den Bauern finanziell über die Zeit der Transformation hinweg.

Hier ausreichend schnell großflächig Bildung und Bewusstseinswandel zu initiieren, scheint mir unmöglich. Daher habe ich mich entschlossen, mit meiner Firma BeyondEqual Wirtschaft und Gesellschaft nicht nur in Deutschland, sondern auch im Nahen Osten von der anderen Seite aufzurollen. Ich will ganz gezielt weibliche Impulse fördern, um zu zeigen, dass man Herausforderungen auch anders angehen kann. Dabei setze ich auf das Prinzip des Vorbilds. Wenn sich eine Frau fort- und weiterbildet, sich engagiert, ein Unternehmen gründet, dessen Geschäftsmodell sich etwa gegen den Klimawandel stemmt, gegen eine ungesunde Ernährung oder gegen soziale Ungleichheit, dann gehen ihre Energie und ihre Begeisterung auf die eigene Familie, den Freundeskreis, auf die Kunden und auch auf Frauen über, die sich bisher nicht getraut haben. Die Entwicklung solcher Role Models haben vor allem Schwellenländer sehr nötig. Die Türkei steht sinnbildlich für viele andere Nationen im Aufbruch, bei denen ökologische und soziale Nachhaltigkeit hintangestellt werden, weil erst einmal die Grundversorgung stimmen muss. Außerdem sind die Erwartungen an aufstrebende Konsumgesellschaften wie der Türkei mit ihren 86 Millionen Einwohnern groß, und viele Bürgerinnen und Bürger pochen auf die gleichen Privilegien, die die Menschen des Westens schon seit Jahrzehnten genießen. Den Türken nun zu sagen, dass sie sich bitte im Sinne der Nachhaltigkeit zügeln und die Fehler des Westens nicht wiederholen dürfen, fällt bei den wenigsten auf fruchtbaren Boden. Wenn man in Ländern wie diesen jedoch die kleinen Firmen mit ihren Gründerinnen unterstützt, dann ist das ein erster Schritt. Wenn du keine großen Schritte machen kannst, sei glücklich über die kleinen!

Wenn du keine GROSSEN SCHRITTE machen kannst, sei GLÜCKLICH über die KLEINEN!

KAPITEL 2

Der Status Quo globaler Un-gleichwertigkeit

2.1 DIE LÜCKE SCHLIESST SICH NUR LANGSAM

Jedes Jahr bringt das Weltwirtschaftsforum den *Global Gender Gap Report* heraus, eine Studie, die uns seit 2006 vor Augen führt, wie langsam es vorangeht mit der Gleichberechtigung. Minimale Bewegungen sind zu erkennen, aber eigentlich ist es ein Tanz auf einer Stelle. „Beim derzeitigen Tempo der Fortschritte", heißt es im jüngsten Resümee, „wird es 131 Jahre dauern, bis volle Parität erreicht ist." Während sich gerade der globale Paritätswert erholt hat und auf Vor-Pandemie-Niveau steht, hat sich die Gesamtgeschwindigkeit der Veränderung aber deutlich verlangsamt. Der Global Gender Gap Index lag 2023 bei 68,4 Prozent. Das heißt, dass die Lücke zwischen Männern und Frauen – gemessen in den vier Bereichen *wirtschaftliche Teilhabe, Bildung, Gesundheit und politische Ermächtigung* – erst in Höhe dieses Werts geschlossen ist. Gerade mal 68 Prozent! Diese Werte erschüttern mich Jahr für Jahr. Ist es nicht klar, dass wir uns mit dieser Halbherzigkeit selbst ein Bein stellen und als Weltgemeinschaft nie die Kraft entwickeln können, die wir eigentlich in der Lage wären zu entwickeln? Man muss kein Prophet sein, um auf den Gedanken zu kommen, dass diese gemeinsame, positive Kraft vielleicht gar nicht gewollt ist …

Interessant an diesem Bericht sind jedes Mal das Abschneiden in den Kategorien der Gleichberechtigung sowie die Unterschiede in den globalen Großregionen. In der für dieses Buch relevanten Kategorie *wirtschaftliche Teilhabe und Chancen* liegt der globale Wert bei unterdurchschnittlichen 60,1 Prozent. Und weil die Wirtschaft oft stark mit der Politik verbunden ist, schauen wir auch noch auf den Wert der Kategorie *politische Ermächtigung*. Hier steht die Gleichberechtigung bei traurigen 22,1 Prozent.

Europa und Nordamerika sind bisher am weitesten gekommen, den Gender Gap zu schließen. Europa ist bei 76,3 Prozent angelangt, USA und Kanada liegen zusammen bei 75 Prozent. Der achte und letzte Platz des Rankings wird mit 62,6 Prozent von der MENA-Region gehalten – also dem Mittleren Osten und Nordafrika. Dort wird die Gleichheit beim aktuellen Tempo erst in 152 Jahren erreicht worden sein.

Beim derzeitigen Tempo der Fortschritte wird es 131 Jahre dauern, bis zwischen den Geschlechtern volle Parität erreicht ist.

Der **Global Gender Gap Index** beschreibt die Lücke der Ungleichstellung zwischen Mann und Frau. Läge der Index bei **100 Prozent,** wären wir auf Augenhöhe.

68 % – GGG-Index 2023

60 % – GGG-Index für wirtschaftliche Teilhabe und Chancen

22 % – GGG-Index für politische Ermächtigung

76 % – GGG-Index in Europa

62 % – GGG-Index in der MENA-Region

2.1 DIE LÜCKE SCHLIESST SICH NUR LANGSAM

Blicken wir noch ganz gezielt auf den Wert zur *wirtschaftliche Teilhabe und Chancen* in konkreten Ländern. Auf den ersten Plätzen liegen nicht etwa die ständigen Klassenbesten wie Finnland, Schweden oder Dänemark, sondern kleine Staaten wie Liberia, Jamaica und Moldau. Keines von den großen, kräftigen Industrieländern rangiert unter den Top 20. Die USA liegen auf 21, China auf 45, Deutschland auf 88, die Türkei auf 133. Auch die Entwicklungsländer breiten sich über die gesamte Rangliste aus. Sambia auf Platz 40, Ghana auf 80, Äthiopien auf 116. Auf den letzten fünf Plätzen (von 142 bis 146) liegen Indien, Pakistan, Iran, Algerien und Afghanistan. Ich erwähne das, weil schon aus den Platzierungen klar wird, dass es in Sachen wirtschaftlicher, beruflicher, unternehmerischer Gleichstellung fast egal ist, ob man im globalen Norden oder im globalen Süden lebt. In beiden Welten werden Frauen blockiert und die Lösungsansätze, die sie anzubieten hätten, unterdrückt. Allerdings greifen ganz unterschiedliche Ursachen.

Dass wir uns in Sachen Gleichstellung – immer im Zusammenhang mit dem Plan der Frauen, Mutter Erde zu heilen – beide Welten gesondert anschauen müssen, hat die Amerikanerin Katharine Wilkinson sehr gut auf den Punkt gebracht. Genau in der Phase, in der ich den Irrweg der Welt wahrnahm, dieses seltsame Wiedererstarken des Patriarchats, trat diese Frau in Palm Springs auf die Bühne der TED Conference. Das war im November 2018. Die Aktivistin und Publizistin hat es zu ihrer Lebensaufgabe gemacht, Frauenrechte mit der Klimafrage zu verknüpfen, deshalb wurde sie eingeladen. Der Titel ihres Vortrags hieß „How empowering women and girls can help stop global warming", also: wie die Stärkung von Frauen und Mädchen mithelfen kann, die globale Erwärmung zu stoppen. Oxford-Doktorandin Wilkinson startete ihren Vortrag mit der Behauptung, dass der Anstieg der Erderwärmung und ein möglicher Aufstieg von Frauen und Mädchen miteinander zu tun haben würden. „Der Zusammenhang zwischen beidem wird oft übersehen", sagte sie. Das stimmt. Doch für jemanden, der sich noch nie damit auseinandergesetzt hatte, muss das ziemlich verrückt geklungen haben. Welche Verbindung sollen schon Frauen und Mädchen mit der Gewaltigkeit des Klimawandels haben, geschweige denn mit dessen Lösung!

Was Wilkinson in den wenigen Minuten, die ein TED-Vortrag lang sein darf, erklärte, war so einfach wie schlüssig. Es geht nicht ohneeinander, es geht nur miteinander. Globale Probleme brauchen breite globale Beteiligung. Wir sind dazu verpflichtet, Blockaden abzubauen und *sämtliche* Talente, Fertigkeiten und Einfälle in Anspruch zu nehmen. Es versteht sich von selbst, dass das dabei aktivierte verborgene Potenzial mit ungeheurer Diversität einhergehen wird. Bei aller Vielfalt kann man die vier Milliarden Frauen und Mädchen der Welt jedoch in zwei große Gruppen einteilen: die Bewohnerinnen der industrialisierten Länder des Nordens und die der aufstrebenden, aber immer noch eher ländlich geprägten Länder des Südens. Im Norden wird ihnen oft das nötige Geld vorenthalten, das sie dazu befähigen würde, ihre nachhaltigen Ideen umzusetzen. Im Süden sind sie mit weniger Rechten ausgestattet und derart im täglichen Überlebenskampf gefangen, dass sie oft gar nicht dazu kommen, sich um Mutter Erde zu kümmern, geschweige denn Gehör finden. Schauen wir uns diese beiden Welten nun etwas genauer an.

„Wir erleben gerade zwei Phänomene hier auf der Erde. Den Anstieg der ERDERWÄRMUNG und den Aufstieg von Frauen und Mädchen. Der Zusammenhang zwischen beidem wird oft übersehen."

Katharine Wilkinson

2.2 FRAUEN IM NORDEN HABEN ES SCHWER

"BEING LADYLIKE DOESN'T REQUIRE SILENCE"

Westliche Bücher und Magazine, Radiosendungen und Fernsehdokus, Internetseiten und Podcasts sind voll von Geschichten über erfolgreiche Frauen, die es allen gezeigt haben. So voll, dass man denken könnte, die Welt sei doch in Ordnung. Was beschwert ihr Frauen euch denn! Überall im Netz sind Ranglisten von funktionierenden weiblichen Geschäftsideen zu entdecken, von schillernden Gründerinnen, die sich in der Männerwelt durchsetzen konnten. Immer wieder stößt man auch auf wunderbar erzählte Storys von Pionierinnen, die schon früh das Establishment aufmischten. Dafür wird gern tief ins Archiv der Weltgeschichte gegriffen, längst vergessene Damen werden dann reanimiert und zu Ikonen erklärt. Wie Karoline Kaulla, die als erste Bankerin Deutschlands gilt und die preußischen Truppen im Kampf gegen Napoleon unterstützte. Wie Madam C.J. Walker, die die erste Gründerin Amerikas gewesen sein soll und es um 1900 mit Beauty- und Haarproduktlinien für schwarze Frauen geschafft hatte. Wie Eunice Newton Foote, die viele Jahre vor den Kollegen des männerdominierten Wissenschaftsbetriebs ihrer Zeit das fatale Phänomen des Treibhauseffekts entdeckte. Wie Katharine Wright Haskell, die ihre berühmten fliegenden Brüder solvent hielt, indem sie deren Fahrradladen leitete und die Verträge machte. Wie Eleanor Roosevelt, die schon vor ihrer Zeit als First Lady den sozialen Feminismus lebte und die These vertrat, dass Frauen politische Karrieren einschlagen, weil sie – im Gegensatz zum egogetriebenen Mann – eher übergeordnete Ziele verfolgen. Wie Betty Ford, die andere First Lady, die mit ihrer temperamentvollen und unverblümten Art die Herzen der Menschen eroberte, sich öffentlich zu ihrer Alkoholsucht bekannte und sich gerade deshalb für andere Süchtige einsetzte. Wie Coco Chanel, die die Modewelt mit ihrem zeitlos-eleganten Stil revolutionierte. Wie

· ·

BETTY FORD, *eine Frau, die ich bewundere. Am 19. Januar 1977, dem letzten Tag der Amtszeit ihres Mannes Gerald R. Ford, zog sie die Schuhe aus und ließ sich auf dem Konferenztisch des Oval Office fotografieren. So wie sie sich schon während der Präsidentschaft nicht zurückgehalten hatte, so wenig scherte sie sich um die Reaktionen auf dieses Bild. Es passte zu ihr. In einer Zeit, in der First Ladys lediglich gut aussehen und lächeln mussten, traute sich Betty Ford, den Mund aufzumachen, äußerte sich zu Gleichberechtigungsgesetzen, sexueller Befreiung, Brustkrebs und gründete die nach ihr benannten Therapiekliniken für Alkoholkranke. Das waren eigentlich alles linke, demokratische Themen, und ihr Mann war Republikaner. War ihr doch egal! „Being ladylike doesn't require silence", sagte sie. Eine Dame zu sein, erfordert kein Schweigen!*

2.2 FRAUEN IM NORDEN HABEN ES SCHWER

Carly Fiorina, die es von der Sekretärin zur mächtigsten Frau des Silicon Valley schaffte. Und so weiter und so weiter.

Ich liebe diese Geschichten. Sie sind unterhaltsam, sie lassen staunen, sie machen Mut, sie berühren mich, und in den meisten Fällen können die Protagonistinnen sicher als Vorbilder dienen. Man darf in diesem Jubel jedoch nicht vergessen, dass die Realität – trotz dieser Vorbilder und trotz ihrer Errungenschaften – in vielen Bereichen des Lebens immer noch extrem anders aussieht und die Strukturen des von Männern gebauten Wirtschaftssystems wie Stahlträger halten. Diese Stahlträger werfen große Schatten auf die Welt arbeitender Frauen.

Etwa auf den Bereich der Arbeit, der nicht bezahlt wird, ohne den der Erfolg der Männer jedoch kaum möglich wäre. 2016 wies die schwedische Journalistin Katrine Marçal mit ihrem Buch *Who Cooked Adam Smith's Dinner?* auf die unsichtbaren Leistungen der Frauen hin, über die kaum jemand spricht. Wer war denn die Person, die dem britischen Philosophen und Ökonomen Adam Smith das Mittagessen kochte? Die Frage Marçals war durchaus wörtlich zu nehmen. Es war seine Mutter Margaret Douglas! Während der Sohnemann seine Bestseller über die Grundzüge von Wirtschaftssystemen schrieb, über die unsichtbare Hand des freien Marktes, die für alle Menschen größtmöglichen Wohlstand und Glück hervorbringen würde, versorgte sie ihn, denn mit knurrendem Magen schreibt es sich nicht gut. Smith war ein Eigenbrötler, ein Denker, der lieber Selbstgespräche führte, als mit anderen zu debattieren, er heiratete nie und lebte die meiste Zeit seines Lebens bei Mama, und als sie 1784 starb, sorgte in seinen letzten Lebensjahren Cousine Janet für ihn. Mit seinen – nicht unbedingt immer richtigen – Philosophien ging Smith in die Geschichte ein. Aber niemand kennt Margaret Douglas. Sie ist keine Pionierin, keine Unternehmerin, und niemand hat jemals einen Film über sie gedreht. Sie ist Sinnbild für den Teil der Arbeitswelt, den Adam Smith in seinen Überlegungen über das Funktionieren der Märkte beharrlich ignorierte. „Frauen", schreibt Katrine Marçal, „Frauen sind in Adam Smiths Denken fast völlig abwesend." Aber sein Alltag wäre ohne sie nicht zu bewältigen gewesen. Genau wie der Alltag, die Lebenswege, die Karrieren Milliarden anderer Männer ohne die Sorgearbeit ihrer Frauen nicht zu bewältigen gewesen wären – und zwar auf dem gesamten Globus, egal, ob Industrie-, Schwellen- oder Entwicklungsland. Die US-Ökonomin Kate Raworth drückte das einmal so aus: „Millionen von Frauen und Mädchen sind jeden Tag stundenlang unterwegs, auf dem Kopf tragen sie Wasser, Lebensmittel oder Brennholz. Lasten, so schwer wie der eigene Körper, oft haben sie noch ein Baby auf dem Rücken – und das alles ohne Bezahlung. Diese geschlechtsspezifische Aufteilung von bezahlter und unbezahlter Arbeit ist jedoch

WHO COOKED ADAM SMITH'S DINNER?

„Frauen sind in Adam Smiths Denken fast völlig abwesend."

55

2.2 FRAUEN IM NORDEN HABEN ES SCHWER

in jeder Gesellschaft anzutreffen, wenn auch manchmal weniger sichtbar. Und da die Arbeit in der Kernwirtschaft unbezahlt ist, wird sie routinemäßig unterbewertet und ausgebeutet, was zu lebenslangen Ungleichheiten bei sozialer Stellung, Beschäftigungsmöglichkeiten, Einkommen und dem Machtverhältnis zwischen Frauen und Männern führt."

Schatten werfen die Stahlträger des von Männern gebauten Wirtschaftssystems auch auf die Frauen, die ihr Glück versucht haben, aber nie ans Ziel kamen. Frauengeschichten vom Scheitern, vom Nichtgelingen, sind weit zahlreicher als die der erfolgreichen Pionierinnen, wenn auch weniger spektakulär, und werden vielleicht gerade deswegen von Journalisten, Autoren und Filmemachern seltener für den Stoff spannender Geschichten ausgewählt. Lieber doch eine Frau, die trotz aller Widerstände am Ende Großes bewirkt. Die Phalanx illustrer Rebellinnen, die dabei über die Jahre aufgebaut wurde, ist lang. Und sie könnte darüber hinwegtäuschen, dass gerade in der westlichen Wirtschaftswelt immer noch einiges im Argen liegt.

Denn Frauen werden, wenn es ums Business geht, weiterhin stark benachteiligt. Je höher man dorthin kommt, wo Geld und Macht verteilt werden, desto weniger Frauen trifft man an. Schauen wir nur auf Deutschland, ist ihr Anteil an den Vorständen der großen DAX-Unternehmen aufgrund gesetzlicher Vorgaben, dem Mindestbeteiligungsgebot, zwar gestiegen, aber er verharrt auf niedrigem Niveau. 59 der 259 Vorstandsposten im Leitindex DAX-40 waren 2023 nunmehr mit Frauen besetzt, gerade mal 22,8 Prozent. Wirklich eine Trendwende, wie manche meinen? Wenige Jahre zuvor hatte sich das Deutsche Institut für Wirtschaftsforschung (DIW) allein die Vorstände der Bankenbranche angesehen und fand heraus, dass dort eine „Dynamik zum Erliegen gekommen" war. Die Vorstände der 100 größten Banken Deutschlands kamen nicht mal mehr auf zehn Prozent Frauenanteil. Bei den Sparkassen waren es sogar nur 6,1 Prozent, bei den Genossenschaftsbanken 4,5 Prozent. Würde sich die Entwicklung der Jahre 2006 bis 2018 in den Vorständen von Banken und Versicherungen linear fortsetzen, so die DIW-Studie, würde es rein rechnerisch fast bis zur nächsten Jahrhundertwende dauern, bis Männer und Frauen zahlenmäßig auf Augenhöhe sein würden.

Gründe dafür gibt es viele. Das DIW sieht einen davon in der „männerdominierten (maskulinen) Führungskultur speziell im Finanzsektor". Empirische Studien hätten mehrfach gezeigt, dass gerade dort Personen, die „extrem lange und unflexible Arbeitszeiten in Kauf nehmen, überproportional belohnt werden". In solch einem familienfeindlichen Milieu sind das in erster Linie Männer. Auch Geschlechterstereotype würden im eher zahlenaffinen Finanzsektor eine wichtige Rolle spielen. So konnte etwa nachgewiesen werden,

49 DEUTSCHE VORSTANDSMITGLIEDER HIEẞEN THOMAS ODER MICHAEL. DEMGEGENÜBER STANDEN **46** FRAUEN.

2.2 FRAUEN IM NORDEN HABEN ES SCHWER

dass bei mathematischen Aufgabenstellungen höhere Anforderungen an Frauen gestellt werden als an Männer in gleicher Position. Warum? Weil Männern noch immer eine höhere Mathematikbegabung unterstellt wird. Auch die Kundenseite ist von solchen Stereotypen geprägt. Eine Studie der Universität Mannheim förderte zutage, dass Investoren tatsächlich Vorbehalte gegenüber Fonds hegen, wenn diese von Frauen geleitet werden. Mein Gott, welches Jahr haben wir eigentlich?

Warum sich das alles so langsam bis gar nicht ändert, liegt der Vermutung nach an einem psychologischen Mechanismus, der hinter der Rekrutierung steckt. Experten haben ihm schon vor Jahren das Thomas-Phänomen genannt. 2017 zählten die Autoren des AllBright-Berichts nach und stießen auf fünf Prozent CEOs mit dem Vornamen Thomas. Weitergerechnet hießen 49 deutsche Vorstandsmitglieder Thomas oder Michael. Demgegenüber standen 46 Frauen. Thomas-Phänomen meint, dass sich diese Herrschaften gern mit ihresgleichen umgeben, ein Thomas also lieber einen Thomas einstellt, als sich mit einer Sabine auf ein natürlich sehr gewagtes weibliches Experiment einzulassen. Mit einem Spiegelbild – ähnlich in Alter, Herkunft, Ausbildung – ist anscheinend besser zurechtzukommen.

Was passiert wohl, wenn eine Frau in diesem stark männlich geprägten und von starken männlichen Leitbildern, Schemata und Vorurteilen bestimmten Milieu versucht, für ihr neues Start-up Gelder einzusammeln? Muss ich diese Antwort noch geben? Es wäre ein Wunder, wenn sich diese Muster nicht auf Investitionsentscheidungen auswirken würden. Seit Jahren attestieren verschiedene Umfragen in der westlichen Start-up-Branche, dass es Frauen im Ringen um die Millionen weit schwerer haben als Männer. 2023 sorgte mal wieder eine solche Studie für Schlagzeilen – in diesem Falle das Barometer von Sista und Boston Consulting Group (BCG). Es untersuchte die Gleichstellung der Geschlechter im Zuge der Gründung und Finanzierung europäischer Start-ups. Ganz genau schaute man sich 1788 Neugründungen und 6157 Fundraisings in Frankreich, Großbritannien, Deutschland, Spanien und Schweden an. War man es auch schon vorher gewohnt, dass Gründerinnen gegen Gründer oft den Kürzeren zogen, sorgten jetzt auch noch steigende Zinsen für gesteigerte Zurückhaltung bei den Investoren. Und: Je weiter die Finanzierungsrunden kamen, desto weniger Geld war für die Frauen da. Am Ende konnten weibliche Start-ups nur zwei Prozent der bereitgestellten Finanzmittel einwerben. Zwei Prozent! Und ich möchte Ihnen noch die Zahl einer anderen Studie aus den USA mitgeben, wo der Anteil der von Frauen errungenen Finanzmittel ebenfalls zwei Prozent beträgt. Dort hat man sich auch einmal angeschaut, wie viel vom Kuchen *schwarze* Gründerinnen abbekommen. Es waren gerade einmal 0,27 Prozent. Ich bin mir sicher, dass es der-

2% DES RISIKOKAPITALS KONNTEN WEIBLICHE START-UPS EINWERBEN.

art empörend niedrige Quoten überall auf der Welt gibt, wenn es um andere Ethnien und Hautfarben geht. Auch deshalb schreibe ich dieses Buch. Wir müssen uns endlich unserer Vorurteile gegenüber Frauen und Frauen anderer Ethnien bewusst werden und ihnen zumindest eine Chance geben!

Aber zurück zum europäischen BCG-Barometer. Die Autorinnen und Autoren konnten berechnen, dass der durchschnittliche Betrag, der von reinen Frauenteams eingesammelt wurde, etwa viermal niedriger war als der von Männern. Über die Dauer, so eine weitere Erkenntnis, verschärft sich diese Ungleichheit. Kurz vor dem zehnjährigen Kassensturz können männliche Start-ups auf drei Mal so viele Finanzmittel wie die von gemischten Gründungsteams und sogar auf über 13 Mal so viele wie rein weibliche Start-ups stolz sein. Und das sogar in Branchen, die eher als weiblich gelten bzw. von Frauen bevorzugt werden wie Lifestylebereich, Gesundheitswesen, Food-Sektor oder Kindererziehung. „Die Finanzierungslücke zwischen Männern und Frauen in Start-ups zeigt deutlich: Es gibt noch viel zu tun, und es ist dringend", warnen die Autoren und Autorinnen des Barometers. „Diese Start-ups gestalten die Welt von morgen, und das sollte nicht passieren, ohne dass die Hälfte der Bevölkerung zum Einsatz kommt."

Eine Studie von Ende 2023 bestätigt dieses Missverhältnis. Sie trägt den Titel *Women in UK Venture Capital*, analysierte öffentlich zugängliche Datenquellen – wie Fonds-Websites oder LinkedIn-Profile – in Großbritannien und erfasste 156 dort ansässige Risikokapitalfonds. Ergebnis: Bei den Fonds, die sich ausschließlich in männlichem Besitz befinden, war das im Untersuchungszeitraum von 2017 bis 2023 aufgebrachte Kapitalvolumen etwa zehnmal höher ist als das von jenen, die sich ausschließlich in weiblichem Besitz befinden. „Dieser Mangel an geschlechtsspezifischer Vielfalt hat Folgen für die gesamte Technologie-Investitionspipeline", kritisierte Check Warner, Co-Gründer bei

2.2 FRAUEN IM NORDEN HABEN ES SCHWER

der Investmentgesellschaft Ada Ventures, dem Absender der Studie. „Der Wandel muss ganz oben beginnen." Und noch etwas stellte der Report fest, etwas, das man Genderwashing nennen könnte, das Pendant also zum Greenwashing. Danach breitet sich das Phänomen über die Belegschaften des gesamten Ökosystems der Risikokapitalfonds aus. Bei der Untersuchung der 156 Fonds kamen die Autorinnen und Autoren auf 1760 Teammitglieder, 38 Prozent davon waren Frauen. Die meisten von ihnen arbeiteten auf unteren Ebenen, wo es nichts über die Investitionen zu entscheiden gibt. Auf leitender Ebene waren – welch Wunder – zu fast 80 Prozent Männer anzutreffen.

Das Thomas-Phänomen scheint also beim Personalaufbau von Investmentfonds wie bei der Vergabe der Millionensummen zu gelten, somit bei allem, was es Frauen erst ermöglicht, ihre Geschäftsidee ins Leben zu rufen und es sich, den Investoren und der ganzen Welt zu beweisen. Doch schon während der Fragerunden mit den potenziellen Geldgebern fängt der Spießrutenlauf für die Bewerberinnen an. Dazu analysierten Wissenschaftler von Columbia University und Harvard Business School die Mitschriften und Videoaufzeichnungen von Start-up-Finanzierungswettbewerben zwischen 2010 und 2016 mit fast 200 Unternehmen und fanden heraus, dass konkret die Bewerberinnen voreingenommene Fragen parieren mussten. Frauen bekamen verstärkt solche gestellt, die sie in die Defensive brachten, die sie mit den Risiken konfrontierten und der Möglichkeit des Scheiterns, was sich grundsätzlich negativ auf eine Finanzierungszusage auswirkt, während Männer in den Fragerunden häufiger die Möglichkeit hatten, in die Offensive zu gehen, über ihre Vision zu sprechen, darüber, was sie erreichen wollen, wenn alles optimal läuft. Dieses Narrativ zieht grundsätzlich Mittel an. Den unfairen psychologischen Effekt konnten die Forscher auch finanziell darstellen. Fragten Investoren in erster Linie nach Wachstum, Gewinn und Ambitionen, erhielten Start-ups (also die männlicheren) 7,21 Mal mehr Mittel als diejenigen (also die weiblicheren), bei denen sich die Fragen auf Bedrohungen, potenzielle Verluste und Verbindlichkeiten konzentrierten.

Auf ein anderes psychologisches Phänomen stieß eine schwedische Studie. Dabei wurden beim Pitchen um Fördergelder Gründer, die ihre Idee selbstbewusst bis überheblich als „Revolution" oder „Disruption" anpriesen, für mutig und risikofreudig gehalten. Gründerinnen, die ein vergleichbares Vokabular benutzten, wurden hingegen als naiv und blauäugig wahrgenommen.

Aber wer stellt den Gründerinnen eigentlich die Fragen? Auch hier sind die Gewichtungen nicht in der Balance: Männer dominieren in den Investorenteams. Und zwar nicht nur, wenn es um die privatwirtschaftlichen Finanzierungstöpfe geht. Auch über staatliche Fördermillionen bestimmt vor allen Dingen die Herrenwelt. Eine Recherche von Businessinsider fand 2020 heraus, dass die Investorenteams des Bundes mit Frauen erheblich unterbesetzt sind. In dem Gremium, das etwa bei KfW Capital über die Verteilung von Förderungen entscheidet, sind sie nur zu 12,5 Prozent vertreten, im Co-Investitionsfonds Coparion zu 20 Prozent, im Hightech-Gründerfonds zu 25 Prozent. Man wäre naiv, würde man glauben, diese Zusammensetzung hätte keine Effekte. Übrigens kam die vorhin erwähnte Harvard-Studie auch zu der Erkenntnis, dass die wenigen Frauen in solchen Gremien ähnliche Fragetechniken anwenden wie die Männer und keineswegs dem eigenen Geschlecht in einem ausgewogeneren Dialog begegnen.

Das alles führt dazu, dass weibliche Geschäftsideen niemals das Licht der Welt erblicken, obwohl sie ihr – also der Welt – so sehr weiterhelfen könnten. Denn, auch darüber gibt es eine klare Studienlage, oft sind weibliche Start-ups erfolgreicher als männliche! Sie sind nicht nur besser darin, ein Unternehmen zu vergrößern, es expandieren zu lassen, sondern dies auch auf internationaler Ebene auszuspielen. Dieser Effekt hat möglicherweise damit zu tun, dass Frauen in Ermangelung heimischen Kapitals stärker in anderen Ländern auf die Suche gehen müssen und dort irgendwann auch fündig werden.

Auch zur Überlegenheit weiblicher Start-ups hat die Boston Consulting Group eine Studie lanciert, und zwar unter der Nutzung der Daten von MassChallenge, einem

FRAUEN BEKOMMEN VERSTÄRKT FRAGEN GESTELLT, DIE SIE IN DIE DEFENSIVE BRINGEN.

MIT JEDEM INVESTIERTEN DOLLAR ERWIRTSCHAFTEN FRAUEN ZUSÄTZLICHE 78 CENT. MÄNNER KOMMEN AUF 31 CENT.

globalen Netzwerk für Innovatoren, die sich die Lösung der großen Herausforderungen unserer Zeit vorgenommen haben. Die paradoxe Erkenntnis ist die: Investitionen in Unternehmen, die von Frauen gegründet oder mitbegründet wurden, betrugen im Durchschnitt 935.000 Dollar, weniger als die Hälfte der 2,1 Millionen Dollar, die in von Männern gegründete Unternehmen investiert wurden. Trotz dieser Benachteiligung schnitten die weiblichen Start-ups im Laufe der Zeit besser ab und erzielten über einen Zeitraum von fünf Jahren zehn Prozent mehr Einnahmen. 730.000 Dollar (Frauen) stehen hier 662.000 Dollar (Männer) gegenüber. An-

2.2 FRAUEN IM NORDEN HABEN ES SCHWER

ders gesagt: Mit jedem investierten Dollar erwirtschafteten die Frauen zusätzliche 78 Cent, während die Männergründungen nur auf 31 Cent kamen. Es gibt noch weit mehr Studien zu dem Thema, aber belassen wir es dabei, und so können wir mit gutem Gewissen sagen: Ja, es scheint effizienter zu sein, sein Geld in ein weibliches Start-up zu investieren als in ein männliches. Und doch passiert das exakte Gegenteil.

Und damit sind wir beim Thema Nachhaltigkeit, bei den grünen Start-ups. In Deutschland ist – laut Green Startup Monitor – ihr Anteil an allen Gründungen des Jahres 2022 noch einmal gestiegen und liegt nun bei 35 Prozent. Auch der Anteil weiblicher Gründerinnen im Segment der grünen Start-ups ist gestiegen. Kommen die Frauen bei den nicht-grünen Start-ups auf 18 Prozent, sind es 23 Prozent bei den nachhaltigen Geschäftsideen. Doch auch diese Analyse kommt nicht ohne ein „aber" aus. Grüne Start-ups mussten im Vergleich zum Vorjahr mit weniger Geld auskommen. Knapp die Hälfte der Befragten (46 Prozent) gab an, dass die mangelnde finanzielle Ausstattung eine zentrale Herausforderung sein würde. Bei den nicht-grünen Start-ups lag dieser Wert nur bei 34 Prozent. Besonders wenn es über die Millionengrenze geht, erhalten nicht-grüne Start-ups weit mehr Geld als die grünen Gründer. Und das, wo grüne Gründer weit stärker als nicht-grüne mit Zahlen belegen können, dass ihr Business tatsächlich eine nachhaltige Wirkung hat. Auch über diese Wirkungskompetenz gibt der Green Start-up Monitor inzwischen Auskunft.

Strich drunter! Hier laufen also gerade zwei Entwicklungen in die völlig falsche Richtung. Nicht nur, dass Frauen weniger Geld erhalten, obwohl sie mit ihren Start-ups scheinbar besser wirtschaften. Auch gerade die grünen Start-ups, die mit ihren innovativen, disruptiven und transformativen Lösungsansätzen maßgeblich die Zukunft gestalten können und daher von höchster Relevanz sind, sind unterfinanziert.

Die Politik ist sich dieser Unwucht durchaus bewusst. Die deutsche Bildungsministerin Bettina Stark-Watzinger beklagte schon 2020, dass es „immer noch gravierend ist, dass männliche Investorenteams eher in männliche Start-ups investieren. Doch indem weibliche Talente nicht ausreichend zum Zuge kommen, entgehen uns als Volkswirtschaft gerade jetzt in der Krise große Chancen." Und nicht nur uns als Volkswirtschaft! Es geht um uns als Menschheit, um unsere Lebensgrundlagen, die wir nur mit einer nachhaltigen, nährenden, nicht auf Ausbeutung basierenden Wirtschaftsweise werden erhalten können und ohne die keine Volkswirtschaft der Welt wird existieren können. Ich bin mir sicher, dass *solche* Geschäftsmodelle eine Zukunft haben werden, die mit der Natur und dem Menschen kooperieren und sich in die bestehenden Kreisläufe eingliedern, anstatt sie zu stören oder sogar zu zerstören.

2.2 FRAUEN IM NORDEN HABEN ES SCHWER

Die Sensibilität dafür ist auch auf europäischer Ebene angekommen. Start-ups und Scale-ups von Frauen sind hier weit seltener als in anderen Märkten: In den Vereinigten Staaten liegt der Anteil der Gründerinnen bei 23 Prozent, im Vereinigten Königreich bei 20 Prozent, in der Europäischen Union bei gerade mal 11 Prozent. Es besteht dringender Handlungsbedarf. Ende 2022 stellte die Europäische Investitionsbank (EIB) daher zum Auftakt des Gipfeltreffens der *Financial Alliance for Women*, einem Wirtschaftsforum zur Förderung der weiblichen Wirtschaft, eine Studie mit dem Titel *Support for female entrepreneurs in Europe* vor und verband sie mit einem klaren Statement: „Investitionen in weibliche Führerschaft sind nicht nur richtig, sondern führen auch zu besseren Geschäfts- und Entwicklungsergebnissen", sagte EIB-Chefvolkswirtin Debora Revoltella. „Firmen, die sich um ein ausgewogenes Geschlechterverhältnis bemühen, sind einfach besser: Sie sind innovativer, digitaler, sorgen sich eher um den Klimawandel und handeln entsprechend. Im internationalen Vergleich hinkt Europa beim weiblichen Unternehmertum hinterher. Das ist besorgniserregend, denn frauengeführte Unternehmen sind eher auf Gendergerechtigkeit bedacht und bieten mehr Beschäftigungsmöglichkeiten für Frauen. Wir glauben, dass ein ganzes Bündel von Maßnahmen erforderlich ist, um den Status quo zu ändern. Die Finanzierung spielt dabei eine wichtige Rolle, und zwar weit über die sehr frühen Wachstumsphasen hinaus. Wenn das Potenzial von Frauen nicht voll ausgeschöpft wird, hat dies wirtschaftliche und soziale Folgen für alle."

Inez Murray, CEO der *Financial Alliance for Women,* ergänzte: „Wir müssen den öffentlichen und den privaten Sektor dazu bringen, gemeinsam an der Lösung des Problems zu arbeiten. Der wirtschaftliche Nutzen der Frauenförderung liegt auf der Hand. Frauen sind hervorragende Kreditnehmerinnen und treue Bankkundinnen. Zwar gründen weniger Frauen ein Unternehmen, doch wenn es einmal läuft, sind ihre Firmen ebenso erfolgreich wie die von Männern." Murray fordert auch mehr Rechenschaft im Finanzsystem. Jedes EU-Land müsse einen Kodex für an Frauen gerichtete Investitionen aufstellen. Das würde etwa dazu führen, dass Finanzdienstleister das Finanzierungsvolumen für weiblich geführte Unternehmen ausweisen müssten. Im Vereinigten Königreich, so Murray, sei das bereits geschehen und habe sich positiv ausgewirkt.

Und wie sieht es im Mittleren Osten aus, dort, wo das große Geld zu Hause ist? In der Region machte zuletzt das in Dubai beheimatete Start-up Kitopi von sich reden. Gegründet von zwei Männern, hat es sich auf Hightech-Großküchen spezialisiert, in denen gleichzeitig Tausende von Essensbestellungen bedient werden können, die dann nach Hause geliefert werden. *Cloud Kitchen* nennt sich das Konzept. Es ist das bisher am schnellsten zum Unicorn gewachsene Start-up der Region – Unicorns sind solche Gründungen, die mehr wert sind als eine Milliarde Dollar. Warum erzähle ich das? Weil Kitopi 415 Millionen Dollar in nur einer Investorenrunde auf C-Level einsammeln konnte, während Start-ups mit mindestens einer weiblichen Gründerin in der gleichen Region sage und schreibe 113 Finanzierungsrunden brauchten, um 244 Millionen Dollar einzunehmen. Sind es in den USA und in Europa die besagten zwei Prozent, die Gründerinnen vom Gesamtkuchen abbekommen, ist es im Mittleren Osten ein Prozent.

Ein Leuchtturmprojekt wie Kitopi existiert auch in der Türkei, und in diesem Fall wurde es tatsächlich von einer Frau mitgegründet. Die CEO heißt Hande Çilingir. Ihr Start-up „Insider" bietet Softwareanwendungen, die Brands – darunter einige der weltweit größten Marken – helfen, über die unterschiedlichen digitalen Kanäle passgenau bei ihren Zielgruppen anzukommen. Innerhalb der vergangenen zehn Jahre konnte Insider – angeblich inzwischen 1,2 Milliarden Dollar wert – mehrere Fundings erfolgreich gestalten und hat sich damit zu einem führenden Anbieter von Marketingtechnologie entwickelt. Gründerin Çilingir setzt in ihrem Unternehmen voll auf die Talente der Frauen. 70 Prozent der obersten Führungsebene und 60 Prozent aller Führungskräfte seien weiblich, sagt sie. Doch auch solche Erfolgsgeschichten, die gern in Wirtschaftskanälen gefeatured werden, dürfen nicht darüber hinwegtäuschen, dass die Gesamtlage schwierig bleibt. Laut der International Finance Corporation (IFC), einer Entwicklungsbank innerhalb der Weltbankgruppe, haben in der Türkei fast 30 Prozent weniger Frauen als Männer Zugang zu Finanzdienstleistungen. Nur etwa neun Prozent der kleinen und mittleren Unternehmen seien im Besitz von Frauen, diese stünden vor einer Kreditlücke von fünf Milliarden Dollar. Die IFC ist deshalb in der Türkei mit einer Art Gender-Anleihe aktiv geworden, einer neuen Finanzierungsstruktur, die dazu beitragen soll, Mittel zur Unterstützung von Unternehmerinnen bereitzustellen. Im Nahen wie im Mittleren Osten gibt es also noch einiges zu tun, um die Kraft der Frauen zu entfesseln.

Im April 2022 ergriff daher einmal mehr Alia El-Yassir das Wort beim sogenannten Investors Pitch Finale, das von UN Women und der Women Entrepreneurs Association of Turkey (KAGİDER) organisiert wurde. 25 Unternehmerinnen aus 9 Ländern in Europa und Zentralasien konnten an einem Schulungsprogramm teilnehmen, um ihre Fähigkeiten zur Gewinnung von Investoren für ihre Unternehmen zu verbessern. Das Pitch Finale bildete den Höhepunkt der Veranstaltung. „Wenn Unternehmerinnen keinen gleichberechtigten Zugang zu wirtschaftlichen Möglichkeiten erhalten, lassen wir uns eine große Investitionschance entgehen", mahnte El-Yassir, Regional-

2.2 FRAUEN IM NORDEN HABEN ES SCHWER

direktorin von UN Women für Europa und Zentralasien und Vertreterin der Türkei. „Obwohl Frauen im Vergleich zu Männern nur die Hälfte des Investitionskapitals erhalten, erwirtschaften ihre Unternehmen für jeden investierten Dollar doppelt so viel Umsatz. Investitionen in Unternehmerinnen sind eine Investition in den Wandel, denn sie bringen viele Vorteile mit sich: Innovation, Wettbewerbsfähigkeit, neue Werte und höhere Renditen. Sie haben es schon einmal gehört, aber es lohnt sich, es noch einmal zu sagen: In von Frauen geführte Unternehmen zu investieren, ist nicht nur richtig, sondern auch klug!" Ich möchte noch einen Grund hinzufügen: den des Vorbildeffekts. Investiert man in ein Role Model, kann es weit über die Region hinaus strahlen und Nachahmer finden.

Für mich aber die Schlüsselworte in El-Yassirs Appell: „Sie haben es schon einmal gehört ..." Ist es nicht verrückt, dass man die Wahrheit immer aufs Neue wiederholen muss? Auch ich denke, dass das absolut notwendig ist, da die Gefahr besteht, dass sich das alte System den Markt zurückerobert, sobald man es lässt. Das dürfen wir angesichts der planetaren Lage nicht zulassen, sondern – im Gegenteil – den Weg der Frauen weitergehen, den Weg der Töchter von Mutter Erde. Ich werde nachher im dritten Kapitel erzählen, wie steinig gerade der ökofeministische Weg immer schon gewesen ist, der beides zusammenflechtet, die Interessen der Frauen und die Interessen des Planeten, welchen

> **SIE HABEN ES SCHON EINMAL GEHÖRT, ABER ES LOHNT SICH, ES NOCH EINMAL ZU SAGEN: IN VON FRAUEN GEFÜHRTE UNTERNEHMEN ZU INVESTIEREN, IST NICHT NUR RICHTIG, SONDERN AUCH KLUG!**

Mut er erforderte, welche Aktivität und welche Beharrlichkeit. Vorher möchte ich jedoch einen Blick werfen auf die Frauen im sogenannten globalen Süden, die teils ähnliche, teils ganz andere Hindernisse zu überwinden haben als wir im Norden.

2.3 Frauen im Süden haben es schwerer

Springen wir noch einmal für einen Moment in die Listen des Global Gender Gap Reports. Gerade die Platzierung Indiens (Fünftletzter!) mit seinem extrem erfolgreichen Hightech-Sektor, seiner wachsenden Wirtschaft, seinem steigenden Bruttosozialprodukt und der weiterhin stark wachsenden Bevölkerung von derzeit 1,4 Milliarden Menschen (davon knapp die Hälfte Frauen) macht mich extrem nachdenklich. Kann es sich ein Land, das mehr Einwohner als Europa und Nordamerika zusammenbringt und gleichzeitig mit erheblichen Umweltproblemen zu kämpfen und einen riesigen CO_2-Fußabdruck hat, leisten, für Frauen die Tür zum Wirtschaftssystem zuzudrücken? Und hier ist längst nicht nur die Rede von Gründerinnen. In Indien zieht sich die Benachteiligung durch die gesamte Gesellschaft. Das *Center for Monitoring the Indian Economy (CMIE)* überraschte 2023 mit einer extrem geringen Beschäftigungsquote. Nur zehn Prozent der indischen Frauen im erwerbsfähigen Alter gingen einer Arbeit nach oder suchten einen Arbeitsplatz. In Zahlen heißt das, dass dort 361 Millionen erwerbstätigen Männern 39 Millionen erwerbstätige Frauen gegenüberstehen. Und das trotz einer langen Geschichte von Kämpfen um Gleichberechtigung wie um Umweltschutz. Das kann nicht lange gutgehen.

Hier möchte ich zurückkommen auf den TED-Vortrag von Katharine Wilkinson. Sie stellte dort die These auf, dass die Unterstützung von Frauen gerade in den Schwellen- und Entwicklungsländern (wie Indien) in den Bereichen Ackerbau, Bildung und Familienplanung viele Milliarden Tonnen Kohlendioxid vermeiden würde, und zwar angeblich in einer ähnlichen Größenordnung wie der weltweite Bau von Solar- und Windparks. Wie das? Kurz gesagt: Indem eine neue, nachhaltige Form der Landwirtschaft etabliert wird, eine weiblich geprägte, die viel effizienter sein kann als die bisherige. Die verhängnisvolle Kettenreaktion stellt sich bislang so dar:

2.3 FRAUEN IM SÜDEN HABEN ES SCHWERER

WAS
könnten wir also erreichen, wenn wir die Effizienz auf bestehenden Flächen *NICHT* mithilfe weiterer Chemikalien steigern,

Wie der Global Gender Gap Report offenbart, werden Milliarden Frauen und Mädchen gerade in landwirtschaftlich und zudem stark von Männern geprägten Schwellen- und Entwicklungsländern benachteiligt. Dort sind ihnen maximal die Familie überlassen, der Haushalt und der eigene kleine Acker für die Selbstversorgung. Die zunehmenden Extremwetterereignisse – wie Dürren und Hitzewellen in Indien, wie Starkregen und Überflutungen in Bangladesch, wie beides im Wechsel im Sudan oder in Somalia – verschärfen die ohnehin schon prekäre Lage der Frauen, setzen Mütter und Töchter unter erhöhten Druck, Lebensmittel anzubauen oder zu organisieren, Wasser von weither zu transportieren oder Brennholz heranzuschaffen. Darunter leiden Gesundheit, persönliche Entwicklung und finanzielle Sicherheit. „In den vergangenen 20 Jahren hat sich die Zahl der klimabedingten Katastrophen fast verdoppelt", mahnt der Female Climate Justice Report, der 2023 bei der Weltklimakonferenz in Dubai vorgestellt wurde. „Frauen und Mädchen sind aufgrund geschlechtsspezifischer Ungleichheiten jedoch anfälliger für Katastrophen, sowohl in Bezug auf die unmittelbaren Auswirkungen als auch auf ihre Fähigkeit, sich nach einer Katastrophe zu erholen" – ihren Haushalt wieder aufzubauen, sich an neue Wetterverhältnisse anzupassen, auf die Beeinträchtigung der Nahrungsmittelproduktion zu reagieren. Wie kann in dieser ständigen Krisenlage, die jeden einzelnen Tag zum Überlebenskampf macht, etwa an Bildung gedacht werden oder an irgendeine Form von Selbstermächtigung?

SONDERN mithilfe von FRAUEN

Erschwerend kommt hinzu, dass Frauen gerade in den betroffenen Ländern oft weniger Anspruch auf Landbesitz haben als Männer, sie haben auch weniger Zugriff auf Werkzeug und Technologie, von der Beantragung von Krediten ganz zu schweigen. „Frauen sind in ihrer Arbeit genauso effizient wie Männer, erzeugen auf ihrer Fläche aufgrund der Benachteiligungen aber viel weniger Nahrung als Männer", sagt Katharine Wilkinson. „Schließt man diese Lücke, steigen die Erträge um 20 bis 30 Prozent." Diese Effizienzsteigerung könne und müsse dazu führen, dass Waldflächen, die bisher für weitere Anbauflächen abgeholzt wurden, verschont bleiben. Zur Erinnerung: Die heutige Form der Landwirtschaft ist für 80 Prozent der Entwaldung, 70 Prozent des Verlusts der Biodiversität und etwa 33 Prozent der Treibhausgasemissionen verantwortlich (laut Living Planet Report des WWF). Was könnten wir also erreichen, wenn wir die Effizienz auf bestehenden Flächen nicht mithilfe weiterer Chemikalien steigern, sondern mithilfe von Frauen!

2.3 FRAUEN IM SÜDEN HABEN ES SCHWERER

Die Effizienzsteigerung würde zudem dazu führen, dass Frauen mehr Geld verdienten und für sie endlich Zeit frei würde, um etwa einer Ausbildung nachzugehen – beispielsweise im Bereich nachhaltiger Landwirtschaft. Beides hätte Auswirkungen auf eine geregeltere Familienplanung, was das weltweite Bevölkerungswachstum abbremsen würde. Das bedeutete ebenfalls weniger Emissionen. Was für eine gute Kettenreaktion! „Geschlechtergerechtigkeit", so Aktivistin Wilkinson, „ist damit die Toplösung für den Klimawandel."

In den Entwicklungsländern kann es aber nicht nur um Befähigungen im Ackerbau gehen. Positive Effekte sind auch in den ländlichen Kommunen sowie den nationalen Parlamenten zu erwarten. Einem UN-Bericht zufolge sind solche Dörfer erfolgreicher, die Frauen in die Planungsprozesse einbeziehen, um etwa klimaresilienter zu werden oder für schwere Zeiten vorzusorgen. Frauen verringern das Katastrophenrisiko und tragen – im Fall der Fälle – schneller als Männer zur Wiederherstellung der alten Verhältnisse bei, indem sie sich um die Grundbedürfnisse ihrer Familien kümmern und den Aufbau von Gemeinschaften stärken. Das gilt auch auf höherer Verwaltungs- oder sogar Regierungsebene. Länder mit einem hohen Frauenanteil im Parlament sind eher dazu bereit, internationale Umweltverträge zu ratifizieren.

Es ist wichtig, dass wir den Begriff der Geschlechtergerechtigkeit so breit wie möglich denken. Dann nämlich hört die Integration der Frauen des globalen Südens in die größte Menschheitsaufgabe aller Zeiten nicht bei den Kleinbäuerinnen auf, sondern geht weiter zu den Indigenen. Nach Zahlen des Bundesministeriums für wirtschaftliche Zusammenarbeit und Entwicklung leben fast eine halbe Milliarde Menschen in 5000 indigenen Völkern, verteilt auf 90 Länder. Das sind rund sechs Prozent der Weltbevölkerung. Indigene haben den Kontakt zur Mutter Erde nicht verloren wie wir in den Industriestaaten, sie leben eng mit ihr zusammen und wissen dadurch sehr genau, was Ökosysteme im Gleichgewicht hält und was sie unter Druck bringt. Sie sind die Hüterinnen und Hüter unschätzbaren Wissens und kostbarer Techniken, die wir nutzen und nicht mit westlicher Arroganz zur netten Folklore oder gar für verzichtbar erklären sollten. Sie sind auch Schützerinnen und Schützer unseres natürlichen Erbes (80 Prozent der globalen Artenvielfalt befinden sich auf ihren Terrains) sowie der Klimasicherheit (20 Prozent des gespeicherten Kohlenstoffs liegen unter ihren Böden). „Aufgrund ihres ausgeprägten Wissens über die Natur gedeihen dort, wo indigene Völker die Kontrolle über das Land haben, die Wälder und die biologische Vielfalt", heißt es dazu von Seiten Amnesty International. „Die nachhaltige Landnutzung bekämpft den Klimawandel und stärkt die Widerstandsfähigkeit gegenüber Naturkatastrophen. Wir müssen die in-

Fast eine halbe Milliarde Menschen in 5000 indigenen Völkern, verteilt auf 90 Länder. Das sind rund 6 % der Weltbevölkerung. Sie sind die Hüterinnen und Hüter UNSCHÄTZBAREN Wissens und kostbarer Techniken.

2.3 FRAUEN IM SÜDEN HABEN ES SCHWERER

digenen Völker unterstützen und dieses Wissen als wichtiges Instrument zum Schutz der Umwelt und zur Bewältigung des Klimawandels bewahren."

Tatsächlich erheben immer häufiger Vertreterinnen indigener Volksgruppen die Stimme, sind unbequeme Mahnerinnen, die uns im Norden mitteilen, wie es um den Planeten bestellt ist. Meist jedoch fliegen sie unter dem Radar der Wahrnehmbarkeit. Was nicht an ihnen liegt, sondern an uns und unseren Medien. Haben Sie beispielsweise mitbekommen, dass die indigene Aktivistin Jakeline Romero im Juni 2023 Bundesaußenministerin Baerbock dazu aufforderte, sich bei ihrer Kolumbienreise die Umweltfolgen des dortigen Kohlebergbaus anzusehen? Romero kritisierte, dass Deutschland zwar selbst aus der Kohleförderung ausgestiegen sei, aber nun verstärkt Kohle aus Kolumbien importiere, seit 2021 mehr als doppelt so viel wie bisher. Der Abbau verschärfe die Wasserknappheit in der Region, indigene Gemeinschaften seien zunehmend Gewalt ausgesetzt.

Oder können Sie sich erinnern an den Auftritt der Häuptlingstochter Txai Suruí bei der Weltklimakonferenz in Glasgow im Jahr 2021? Txai ist vom Volk der Paiter Suruí, das seit Jahrtausenden im Nordosten des brasilianischen Regenwalds lebt und sich inzwischen täglich mit den Konsequenzen von Klimawandel, Abholzung, der Jagd nach Bodenschätzen und der Auslöschung der eigenen Spezies auseinandersetzen muss. Seit ihrer Kindheit weist sie auf die Missstände hin, immer mehr Menschen hören ihr zu, bei Instagram hat sie derzeit 138.000 Follower. „Wir wollen diejenigen in den Mittelpunkt der Diskussion stellen, die wirklich für den Wald gekämpft haben, die indigenen Völker", sagte sie in Glasgow und machte sich keine Illusionen. „Auch nach der Konferenz wird der Kampf in unseren Gebieten weitergehen. Es wird weiterhin ein Kampf für den Planeten und gegen den Klimawandel sein. Wir werden niemals Klimagerechtigkeit erreichen, solange wir nicht die indigenen Völker und diejenigen, die für den Wald kämpfen, in den Mittelpunkt dieser Debatte stellen."

Txai nennt es einen Kampf, den sie zu führen hat, und da übertreibt sie nicht. Gerade in Ländern, in denen knallharte finanzielle Interessen auf Menschen treffen, die das mehr oder weniger noch intakte Land hüten wollen und daher im Weg sind, erleben wir regelmäßig Mord, Totschlag, Vertreibung und Entrechtung mit anschließender Plünderung der dortigen Ressourcen und nicht selten auch mit der Zustimmung der Politik. Gerade indigene Frauen und Kleinbäuerinnen, deren Verantwortungsgefühl für Mutter Erde und ihre eigenen Kinder sie dazu veranlasst, nicht nachzugeben, sind die Hauptopfer einer meist von Männern durchgesetzten Gewaltanwendung.

„WIR WERDEN NIEMALS KLIMAGERECHTIGKEIT ERREICHEN, SOLANGE WIR NICHT DIE INDIGENEN VÖLKER UND DIEJENIGEN, DIE FÜR DEN WALD KÄMPFEN, IN DEN MITTELPUNKT DIESER DEBATTE STELLEN."

2.3 FRAUEN IM SÜDEN HABEN ES SCHWERER
KLIMAKAMPF IST FRAUENKAMPF

Der Female Climate Justice Report 2023 der Frauenorganisation der Vereinten Nationen legt die Finger in die Wunden und macht gleichzeitig Vorschläge. Die Autorinnen Laura Turquet, Constanza Tabbush, Silke Staab, Loui Williams und Brianna Howell beschreiben, dass der aktuelle Zustand des Planeten das Resultat eines „jahrhundertelangen, kolonialen, extraktivistischen, patriarchalischen und rassistischen Systems" sei, das „die natürliche Umwelt, insbesondere im globalen Süden, zu einer Quelle für die Gewinnung von Ressourcen und zu einer Senke für die Entsorgung von Abfällen" gemacht habe. Im Ringen um die Vision feministischer Klimagerechtigkeit stellen sie am Ende vier Forderungen.

DIE **VIER** DIMENSIONEN FEMINISTISCHER KLIMAGERECHTIGKEIT

1
RESSOURCEN UMVERTEILEN!

Ausbeuterische und umweltschädliche Wirtschaftstätigkeiten müssen ersetzt werden gegen solche, die Mensch und Natur Priorität einräumen. Um geschlechtsspezifische Ungleichheiten auszugleichen und sicherzustellen, dass Frauen von der grünen Transformation profitieren, müssen auch die Zugänge zu Land, Jobs und Technologie neu arrangiert werden. Mit einer Umschichtung öffentlicher Finanzen muss die soziale Absicherung von Frauen gestützt werden, damit deren Widerstandsfähigkeit wächst.

2
LEISTUNGEN ANERKENNEN!

Die Allgemeinheit muss sich gewahr werden, dass vielfältige Formen der Diskriminierung die Widerstandsfähigkeit von historisch marginalisierten Gruppen gegenüber den Auswirkungen des Klimawandels untergraben. Sie muss endlich die unbezahlte Arbeit von Frauen zur Unterstützung der sozialen und ökologischen Reproduktion anerkennen. Und sie sollte respektieren, dass standortbezogen ein indigenes, erfahrungsbasiertes Wissen genutzt werden kann zwecks wirksamer Klimaschutzmaßnahmen.

3
REPRÄSENTANZ ERMÖGLICHEN!

Frauen und andere bisher unterrepräsentierte Gruppen müssen bei Entscheidungen für Klima und Umwelt auf allen Ebenen eine größere Rolle spielen. Gerade die vom Klimawandel und dem Verlust der biologischen Vielfalt betroffene Gemeinschaften müssen bei der Politikgestaltung mitwirken. Stärker berücksichtigt werden müssen die Interessen von Frauen auch bei der Entwicklung robuster Rechenschaftsmechanismen, die es braucht, um umweltbezogene Ungerechtigkeiten wiedergutzumachen.

4
ENTSCHÄDIGUNG LEISTEN!

Die ursächlichen Emittenten sind dazu aufgerufen, sowohl ihre historische Schuld einzugestehen als auch für die heutigen Auswirkungen in die Verantwortung zu gehen. Dazu gehört eine angemessene globale Finanzierung von Klimaschutzmaßnahmen, ein Schuldenerlass für die Betroffenen und eine Regulierung von Großkonzernen. Außerdem müssen Mechanismen entwickelt werden, die wirtschaftliche und nichtwirtschaftliche Verluste und Schäden kompensieren, die aus geschlechtsbedingten Gründen entstanden.

2.4 Die eigentliche Ursache der Ungleichheit

Was genau prallt da eigentlich aufeinander? Warum scheint es seit Jahren keinen Frieden zu geben zwischen denen, die nicht aufhören, die Natur anzugreifen, und denen, die versuchen, sie zu schützen? Es ist – kurz gesagt – die absolute Inkompatibilität zweier völlig unterschiedlich gedachter Wirtschaftssysteme. Die indische Menschenrechtlerin und Umweltschützerin Vandana Shiva hat sich dazu schon vor über 30 Jahren sehr kluge Gedanken gemacht. Sie teilt – wie übrigens auch die finnische Ökofeministin Hilkka Pietilä – die Ökonomien der Welt ein in drei Arten: erstens die freie, informelle Wirtschaft, zweitens den geschützten Sektor und drittens die gefesselte Wirtschaft.

Danach sind in der *freien, informellen Wirtschaft* all die Leistungen enthalten, die nicht bezahlt werden, die als selbstverständlich angenommene, „ehrenamtliche" Arbeit für die eigene Familie, für die Gesellschaft, für die Natur sowie die kostenlosen Leistungen der Natur selbst. Im *geschützten Sektor* finden sich Produktionen und Dienstleistungen für den heimischen Markt, die durch offizielle staatliche Mittel abgesichert sind wie Nahrung, Verwaltung, Bildung, Gesundheit, Kultur oder Bauwesen. Die *gefesselte Wirtschaft* enthält die exportorientierte Massenproduktion, die in Konkurrenz steht zu den Importen und stark von den Bedingungen auf dem Weltmarkt abhängig ist.

Vandana Shiva stellt nun klar, dass patriarchale Wirtschaftssysteme den geschützten Sektor und die gefesselte Wirtschaft als einzig relevant ansehen und die freie, informelle Wirtschaft außerhalb der Produktionsgrenzen verorten. Was die meisten Ökonomen und Politiker irrtümlich als freie oder offene Wirtschaft bezeichnen würden, so die Inderin, werde von Frauen als die eigentlich gefesselte Wirtschaft angesehen, die mit so vielen externen Stellgrößen verbunden ist (Strafzölle, Subventionen, politische Feindseligkeiten, künstliche Verknappung, Casinokapitalismus an den Börsen, in Fahrrinnen feststeckende Containerschiffe etc.), die die globalisierte Ökonomie extrem angreifbar machen. „Wenn es der gefesselten Wirtschaft schlecht geht, ist es die freie Wirtschaft, die für deren Gesundung bezahlt", kritisiert Shiva. Das ist genau das, was wir heute meinen, wenn wir sagen, dass Gewinne privatisiert und Verluste vergemeinschaftet werden.

Aber verstehen Sie diese Umdeutung? Im Erfolgsfall der *gefesselten Wirtschaft,* und diesen erleben wir mit kurzen Unterbrechungen seit vielen Jahrzehnten, bedeutet das, dass die kostenlose Wirtschaft der Natur und die kostenlose Subsistenzwirtschaft der Menschen, die in und mit ihr leben, zerstört werden, weil die gefesselte Wirtschaft bekanntermaßen nur dann Wachstum erzeugen kann, wenn sie Natur und Mensch ausbeutet. Kein einziger Industriesektor dieser Welt würde Gewinne einfahren, wenn die Natur eine Rechnung stellen würde! Das fand schon vor elf Jahren eine UN-Studie heraus. Das Gleiche gilt für die Ausbeutung von Menschen. Würden sie für ihre Leistungen angebrachte Rechnungen stellen, würden sehr viele Konzerne sehr viel weniger Gewinn einfahren oder sogar zusammenbrechen. Wird eine solche Form der Wirtschaft über lange Zeiträume weiterbetrieben, mag es den Unternehmensbilanzen helfen, die Bilanz von Mutter Erde steht jedoch dick im Minus. Vandana Shiva sagte dazu: „Die ausschließliche Konzentration auf das im Bruttosozialprodukt gemessene Einkommen und den Cashflow bedeutet, dass das Gewebe des Lebens zwischen Frauen, Kindern und der Umwelt nicht mehr von zentralem, allgemeinem Interesse ist. Der Status von Frauen und Kindern und der Zustand der Umwelt haben nie als Indikatoren für Entwicklung gedient. Ich würde sagen, dass das Bruttosozialprodukt zunehmend ein Maß dafür wird, wie wirklicher Reichtum – der Reichtum der Natur und der von Frauen geschaffene lebenserhaltende Reichtum – rasch abnimmt." Aus diesem Grund hält die Inderin auch die gesamte vom Westen konzipierte Art der Entwicklungshilfe für zerstörerisch. Der pervertierte Entwicklungsbegriff vernichte gesunde und sich selbst erhaltende Lebensstile und schaffe stattdessen wirkliche materielle Armut, indem Ressourcen für die westliche Warenproduktion umgeleitet werden und plötzlich die Mittel zum Überleben fehlen.

Weiter im Text auf Seite 82

„WIRKLICHE GLEICHBERECHTIGUNG WIRD ES GEBEN, WENN WIR AUFHÖREN, SIE ALS PRIVILEG ZU FORDERN"

Hunter Lovins

INTERVIEW MIT HUNTER LOVINS

Die US-amerikanische Umweltaktivistin Hunter Lovins, Jahrgang 1950, gründete mehrere Naturschutzorganisationen, lehrte an verschiedenen Universitäten, beriet Unternehmen und Bürgergruppen. 1983 erhielt sie zusammen mit ihrem Ehemann, dem Physiker Armory Lovins, den Alternativen Nobelpreis „als Wegbereiter für sanfte Energiepfade zugunsten der globalen Sicherheit". 1999 machte Hunter Schlagzeilen mit Ihrem Buch „Nature Capitalism". Darin beschreibt sie, wie die Weltwirtschaft von den natürlichen Ressourcen und den Ökosystemleistungen der Natur abhängig ist. Ihr „natürlicher Kapitalismus" ist als Gegenentwurf des traditionellen „Industriekapitalismus" gedacht. Ihm wirft sie vor, die eigenen Buchhaltungsprinzipien nicht einzuhalten, weil die Wertstoffe und Leistungen der Natur, diese gigantischen Massen an Kapitalbeständen, ignoriert und nicht in die Rechnung einbezogen werden. Ebenso, sagt Lovins, missachte diese Form des Kapitalismus die sozialen und kulturellen Systeme, die die Grundlage des Humankapitals bilden. Ich erreiche Hunter auf der Klimakonferenz in Dubai.

Hunter Lovins, die Gleichstellung der Geschlechter wird oft auf die leichte Schulter genommen. Sie ist in Wahrheit aber spielentscheidend für weit mehr als das Frau-Mann-Thema …
Ja, die Gleichstellung der Geschlechter ist wie jede andere Gleichstellung von wesentlicher Bedeutung, wenn die Menschen in Frieden und Fülle auf diesem zerbrechlichen Planeten leben sollen. Studien des Equality Trust im Vereinigten Königreich haben gezeigt, dass ein hohes Maß an Ungleichheit die soziale Stabilität bedroht und alle sozialen Probleme verschlimmert, die wir beheben wollen. Gesundheitliche und soziale Probleme waren in Ländern mit größerer Ungleichheit schlimmer. Ungleichheit untergräbt auch das Vertrauen, verstärkt Ängste und Krankheiten und fördert übermäßigen Konsum. Die *Human and Nature Dynamic Study* fand heraus, dass zwei Faktoren für viele, wenn nicht sogar alle früheren Zusammenbrüche von Zivilisationen verantwortlich waren: ein Überstrapazieren der Ressourcenbasis, ein hohes Maß an Ungleichheit – oder beides. Die Dreifachkrise mit Covid, kriegerischen Konflikten und Klimawandel hat die Ungleichheit weltweit verschärft. Insbesondere die Fortschritte bei der Gleichstellung der Geschlechter sind ins Stocken geraten.

Laut Global-Gender-Gap-Bericht tut sich nicht mehr viel bei der Überwindung der weltweiten Kluft zwischen den Geschlechtern. Ein unüberwindbar scheinender Schutzwall des alten patriarchalen Systems blockiert offensichtlich weitere Schritte. Wie können wir das ändern?

INTERVIEW MIT HUNTER LOVINS

Lassen Sie mich ein paar kontroverse Behauptungen aufstellen. Erstens: Macht gibt ihre Privilegien niemals gnädig ab; man muss sie sich nehmen. Zweitens: Die Gleichstellung, insbesondere die Gleichstellung der Geschlechter, wird erst dann Fortschritte machen, wenn wir alle Menschen mitnehmen. Drittens: Die Fokussierung auf Frauenquoten, Vorzugsbehandlung und andere Formen der Diskriminierung hat nicht funktioniert und wird nur weitere Gegenreaktionen hervorrufen, wie wir sie in letzter Zeit erlebt haben. Wie können Frauen nun Gleichstellung erreichen? Meine Antwort: besser sein als die Männer und es sich verdienen. Das war schon immer so: Frauen müssen doppelt so gut sein, um als halb so qualifiziert angesehen zu werden. Mir gefällt diese Tatsache nicht, aber das Leben ist hart. Besorgen Sie sich also einen Helm! Wenn Frauen darauf bestehen, dass wir bei allen Entscheidungen den besten Athleten auswählen, werden wir als würdig angesehen werden. Wenn wir darauf bestehen, dass wir einen bevorzugten Platz am Tisch verdienen, werden wir erbittert bekämpft werden.

Nur zwei Prozent des weltweit zur Verfügung gestellten Risikokapitals wird in von Frauen geführte Start-ups investiert. Das bedeutet, dass viele Geschäftsideen, vor allem die wichtigen grünen, nicht zur Entfaltung kommen. Das können wir uns angesichts des Zustands der Erde nicht länger leisten. Wie kann diese Blockade durchbrochen werden, damit das Geld dorthin fließt, wo die Lösungen sind?
Thomas Piketty hat in seinem Buch *Das Kapital im 21. Jahrhundert* gezeigt, dass die heutige Finanzwelt dazu führt, dass man, wenn man kein Kapital hat, im Wesentlichen von einem Weg zu echtem Wohlstand ausgeschlossen ist. Er argumentierte, dass diese Tatsache die Ungleichheit in einem erschreckenden Ausmaß immer größer werden lässt. Diese Ungleichheit, so stellte er fest, zersetzt unsere demokratischen Institutionen und ist die Ursache für den Zusammenbruch. Dies bedeutet, dass Frauen, die wollen, dass andere Frauen das Kapital erhalten, die ihre Ideen verdienen, in diese Frauen investieren sollten. Frauen sind unverhältnismäßig stark von den oben genannten Krisen betroffen, insbesondere von der Klimakrise, die sich nur noch verschlimmern wird. Eine der besten Lösungen für dieses Problem ist die regenerative Landwirtschaft. Etwa 80 Prozent der Nahrungsmittel in der Welt werden von Kleinbauern angebaut, die meisten von ihnen sind Frauen. Gezielte Investitionen wie die des Welternährungsprogramms, die Frauen in die Lage versetzen, mehr regenerative Praktiken anzuwenden, bringen Vorteile in Form von besserer Ernährung, weniger Konflikten und mehr Kohlenstoff in den Böden. Ich bin auch Chief Impact Officer von Change Finance, einer von Frauen gegründeten und ge-

FRAUEN MÜSSEN DOPPELT SO GUT SEIN, UM ALS HALB SO QUALIFIZIERT ANGESEHEN ZU WERDEN.

führten Finanzgesellschaft, die den ersten wirklich fossilfreien *Exchange Traded Fund* aufgelegt hat. Für den Preis einer Pizza können Sie ein Impact Investor sein und dazu beitragen, dass mehr Geld an Unternehmerinnen fließt.

Mit Ihrer Organisation Natural Capitalism Solutions treiben Sie Bildung, innovative Lösungen und die Stärkung der Jugend voran, um eine „Wirtschaft im Dienste des Lebens" aufzubauen. Im Fokus steht die Mission, regenerative, naturnahe Praktiken auch gewinnbringend umzusetzen. Welche Rolle spielt dabei die Frauenförderung?
Natural Capitalism ist eine von Frauen gegründete und geleitete Organisation. Obwohl ich immer noch die besten Athleten einstelle, lege ich Wert darauf, die Frauen, die in meine Welt kommen, zu betreuen. Denn oft hat sich herausgestellt, dass ich gerade Frauen als Mentorin zur Seite stehen muss. Vor allem Frauen müssen lernen, partnerschaftlich mit Männern umzugehen und die eher weiblichen Qualitäten, die in allen guten Männern stecken, zu respektieren und zu belohnen, während wir gleichzeitig die eher männlichen Fähigkeiten beherrschen, die Männer eher respektieren. Wirkliche Gleichberechtigung wird es geben, wenn wir aufhören, sie als Privileg zu fordern, das die Männer in der Gleichung benachteiligt, sondern hinausgehen und sie für alle Menschen verdienen.

2.4 DIE EIGENTLICHE URSACHE DER UNGLEICHHEIT

Mit diesem Wirtschaftsverständnis wird genau der Teil der Bevölkerung bekämpft, dem eine besondere Nähe zur Natur nachgesagt wird – den Frauen, besonders den indigenen und den kleinbäuerlich arbeitenden Frauen. Logischerweise finden sich mehr von ihnen in Ländern, die noch nicht komplett vom westlichen Kapitalismus eingenommen worden sind, in Ländern, wo noch ursprüngliche Landschaften dominieren, die jedoch immer mehr drohen, zur Beute zu werden. Die Zerstörung der Natur bedeute gleichzeitig die Zerstörung der Frauen. So sieht es Vandana Shiva, die es im Kampf um Boden und Biodiversität mit den Großkonzernen aufgenommen hat. Dafür hat die Inderin schon 1993 den Alternativen Nobelpreis erhalten.

Obwohl heute immer noch so fern der Gleichberechtigung, hat es in Indien immer wieder Aufstände gegeben. Auch ganz konkret Aufstände von Frauen gegen die Pläne, sich an der Natur zu versündigen. Der wohl bekannteste Vorfall ist der Protest gegen großflächige Abholzungen in der nordöstlichen Provinz Uttarakhand an den Hängen des Himalaja. Gehen wir für einen Moment zurück in diese Zeit, genauer gesagt nach 1970. Dem Aufruhr war ein historisches Starkregenereignis im Alaknanda-Tal vorausgegangen, das nur deshalb zu einer gewaltigen Flutkatastrophe führte, weil über 20 Jahre hinweg bereits Tausende heimischer Banj-Eichen gefällt worden und gegen rentablere, aber dort überhaupt nicht hinpassende Bäume ersetzt worden waren. Der verkümmerte Boden war daher nicht mehr imstande, so viel Wasser auf einmal zu halten. Die Regierung deklarierte die Flut als Umweltkatastrophe, für die Bewohner vor Ort war jedoch klar, dass es sich um eine menschengemachte Sache handelte. Und nun, 1973, sollte ein weiterer Wald dran glauben. Ein Sportartikelhersteller namens Simon Sports hatte die Konzession für ein großes Forststück mit Eschen gekauft und plante nun einen Kahlschlag. Das Eschenholz wurde bis dahin von der lokalen Bevölkerung sehr behutsam immer nur dann entnommen, wenn es landwirtschaftliche Werkzeuge wie Joche, Stiele oder Pfosten herzustellen galt. Die nachhaltige Nutzung der Bäume wurde als Geburtsrecht angesehen. Es ging also einerseits um den Ausverkauf der Heimat, zum anderen um die Befürchtung, nichts gelernt zu haben aus der Flut vor drei Jahren.

Die Leute vor Ort waren sich schnell einig: Eine weitere Plünderung musste verhindert werden! Die Gemeinschaft des Dörfchens Mandal entschied sich im Sinne Mahatma Gandhis für einen gewaltlosen Protest: Die zum Fällen markierten Bäume würde man umklammern und damit die anrückenden Holzfällertrupps an ihrer Arbeit hindern. Das Wort „Chipko" wurde für die Bewegung gefunden. Es ist dem Hindi entlehnt und heißt so viel wie „dranbleiben". Unterstützt wurden die Protestierenden – es waren in erster Linie Frauen – von musizierenden Einheimischen.

„CHIPKO" HEISST „DRANBLEIBEN"

2.4 DIE EIGENTLICHE URSACHE DER UNGLEICHHEIT

Während heute Umweltschützerinnen und Umweltschützer wie im Hambacher Forst kurzerhand vom Baum geholt und von der Polizei weggetragen werden, waren damals Bauunternehmer wie Behörden so überrascht von der massiven Beteiligung der Bevölkerung, dass das Projekt begraben wurde. Und die Menschen merkten, dass sich beharrlicher Protest lohnt, und weiteten ihre Aktionen aus. Überall in der Region, wo Bäume für die Motorsäge freigegeben worden waren, tauchten die Aktivisten der Chipko-Bewegung auf. Sie ketteten sich an, klärten auf, warnten vor den Konsequenzen.

Doch erst das Jahr 1974 machte die Bewegung unsterblich – dank der Frauen. Dieses Mal ging es um den Reni-Wald im sensiblen Wassereinzugsgebiet eines Flusses. Holzfäller sollten im Zuge der Vorplanungen in seiner Nähe untergebracht werden, und die Chipkos fingen wieder an zu demonstrieren. Eines schönen Tages, als die männlichen Bauern sich auf die Beine machten, um in der Stadt ihre Entschädigungszahlungen abzuholen, und die männlichen Chipko-Vertreter wegen Beratungen mit der Forstbehörde unterwegs waren, bemerkten die übrig gebliebenen 27 Frauen, dass sich etwas tat im Wald: Die erwartete Fällaktion würde in wenigen Minuten beginnen. Ohne Angst eilten sie zu den riesigen markierten Bäumen, umklammerten sie und sahen sich plötzlich zahlreichen mit Äxten bewaffneten Holzfällern gegenüber. Bis in den Abend harrten die Frauen aus und erhielten in den kommenden Tagen immer mehr Unterstützung. Je mehr Zeit ins Land ging, desto mehr weibliche Unterstützer schlossen sich an. Die Frauen der Region, die normalerweise nur im Haushalt arbeiteten, hatten die Führung übernommen. Ihnen war bewusst, dass sie vom Rückgang der Wälder am stärksten betroffen sein würden. Das Sammeln von Brennmaterial würde schwerer fallen, die Futtersuche für die Tiere auch, ganz zu schweigen von den Gefahren, die bei Regen zu erwarten wären. Drei Jahre lang hielten die Chipko-Frauen Wache im Reni-Wald, bis das von der Regierung des Bundesstaates Uttar Pradesh eingesetzte Reni-Chipko-Komitee ein vollständiges Verbot des Holzeinschlags in dem Gebiet empfahl. Siege gegen viele weitere Bauprojekte folgten. 1984 erhielten die Frauen des Chipko Movements den Alternativen Nobelpreis. Unter ihnen: Vandana Shiva.

Bina Agarwal, neben Vandana Shiva die zweite große Ökofeministin Indiens, sieht in ihrem Land Frauen und Mädchen sowohl als Opfer der Umweltzerstörung als auch als Anwältinnen der Natur. Agarwal lehrt heute an der Universität Manchester, erhielt unter anderem Lehraufträge in Harvard und Princeton. Sie ist tief geprägt von den mutigen ökologischen Frauenbewegungen in ihrem Land, denen sie neben der Widerstandskraft auch attestiert, „critical agents of change" zu sein, also wesentliche Akteure des Wandels. Immer wieder machte sie mit Studien zu einer ökolo-

„Die Erfahrungen der Traueninitiativen in den Umweltbewegungen legen nahe, dass die MILITANZ DER FRAUEN viel enger mit den Fragen des Überlebens der Familie verbunden ist als die der Männer."

Bina Agarwal

Vandana Shiva

gischen Ökonomie auf sich aufmerksam. Auch beschäftigte sie sich mit der Frage, ob Wälder besser zu schützen wären, ihre Resilienz zu steigern wäre, ihre Biodiversität konsequenter zu erhalten wäre, wenn mehr Frauen in den entscheidenden Gremien zur Waldbewirtschaftung sitzen würden. Das Ergebnis: Ja, eine kritische Masse von Frauen in umweltpolitischen Top-down-Verfahren, in denen also Beschlüsse von oben nach unten durchgereicht werden, zahlt auf den Erhalt von Natur ein.

In einem bemerkenswerten Aufsatz von 1992 analysierte Bina Agarwal die „Debatte über Geschlecht und Umwelt" in ihrem Land und schrieb in ihren Schlussfolgerungen: „Die Erfahrungen

„AFRIKANISCHE FRAUEN IM ALLGEMEINEN MÜSSEN WISSEN, DASS ES FÜR SIE IN ORDNUNG IST, SO ZU SEIN, WIE SIE SIND, DASS SIE DIE ART UND WEISE, WIE SIE SIND, ALS STÄRKE SEHEN SOLLTEN, DASS SIE VON DER ANGST UND VOM SCHWEIGEN BEFREIT WERDEN MÜSSEN."

WANGARI MAATHAI

2.4 DIE EIGENTLICHE URSACHE DER UNGLEICHHEIT

der Fraueninitiativen in den Umweltbewegungen legen nahe, dass die Militanz der Frauen viel enger mit den Fragen des Überlebens der Familie verbunden ist als die der Männer. In diesen Kämpfen geht es um den Versuch, sich einen Raum für eine alternative Existenz zu schaffen, die auf Gleichheit beruht und nicht auf Dominanz über den Menschen, die auf Zusammenarbeit mit der Natur beruht und nicht auf Dominanz über sie." Dem Chipko Movement weist sie daher eine fast schon historische Bedeutung zu, die weit über die Rettung eines Waldes hinausgeht.

Interessanterweise nahm die Chipko-Bewegung exakt in der Zeit ihren Anfang, in der auch im Westen das Wort des Ökofeminismus geboren wurde – darum wird es im folgenden Kapitel gehen. Und interessanterweise keimte exakt in dieser Zeit auch auf dem afrikanischen Kontinent eine neue Frauenbewegung, die eng mit dem Schutz und dem Entstehen von Wäldern verbunden war, das Green Belt Movement. Die damalige Biologin und Veterinärmedizinerin Wangari Maathai gründete sie 1977 in Kenia als Reaktion auf eine extrem repressive patriarchale Politik, die einerseits Frauen wenig Mitspracherechte und wenig Zugang zu Land einräumte und andererseits die wenigen Wälder des Landes zum Kahlschlag freigab, was unmittelbare Konsequenzen für den Alltag der Frauen hatte. Die Abholzung führte dazu, dass Bäche austrockneten, weniger Regen fiel, Ernten unsicher wurden und die Landfrauen immer weiter laufen mussten, um Holz für die Feuerstelle oder den Bau von Zäunen zu organisieren. Maathai ermutigte die Frauen, Samen heimischer Arten zu sammeln, Baumschulen aufzubauen, dort Setzlinge zu züchten und dann die jungen Bäume zu verkaufen und zu pflanzen. Der Boden, Mutter Erde, würde so wieder in die Lage versetzt, die Grundfunktionen aufzubauen, Heimat zu sein für Pflanzen und Tiere, Niederschlag zu generieren, das Regenwasser zu speichern, Nahrung anzubieten. Wangari Maathai, die ihre akademische Laufbahn in den USA, in Deutschland und in Kenia vorangetrieben hatte und sich nach Rückkehr in ihre Heimat um Frauenrechte im Wissenschaftsbetrieb bemühte, kombinierte ihr Engagement von Beginn an mit politischen Forderungen. Denn sie erkannte, dass hinter den alltäglichen Nöten der Familien auf dem Land tiefere Probleme wucherten, die das Patriarchat geschaffen hatte: Entmachtung, Entrechtung, Verlust traditioneller, selbstloser Werte, die über Jahrtausende gewachsen waren und im Zusammenhang mit Subsistenzwirtschaft, Kooperation und Umweltschutz standen. Der Mensch als Symbiosepartner des natürlichen Systems wurde mehr und mehr abgeschafft durch die Einflüsse von Kapitalismus und Korruption, die mehr und mehr auch nach Kenia einsickerten.

2.4 DIE EIGENTLICHE URSACHE DER UNGLEICHHEIT

„Die Sorge um die Umwelt ist nicht nur ein Thema für die Zukunft, sie betrifft uns schon jetzt in unserem Alltag. Sie ist immer dann Thema, wenn wir atmen, trinken, essen, ohne all das können wir nicht leben", sagte Maathai einmal, die 2004 als erste Afrikanerin den Friedensnobelpreis erhielt und 2011 viel zu früh einer Krebserkrankung erlag. Als größte Herausforderung sah sie die Veränderung der Regierungsstrukturen, wo Macht, Privilegien und die Kontrolle über die nationalen Ressourcen verankert sind. „Dort, wo diese Männer sitzen, können sie selbst ihre Privilegien weiter aufrechterhalten, während die Graswurzelbewegungen weiter im Leid gehalten werden. Trotzdem sind es die Graswurzelbewegungen, ohne die die Elite dort oben nicht zu ändern ist." Der Hauptanreiz, um Menschen zu aktivieren, Teil der Graswurzelbewegung zu werden, sei ein Baum. „Ein Baum hat eine Persönlichkeit. Wenn ein Baum wächst, verändert er die Landschaft und gleichzeitig das Bewusstsein der Menschen. Und das ermutigt, mehr zu tun." Maathais Tochter Wanjira trägt ihr Erbe heute weiter.

Manchmal denke ich, wünsche ich, dass auch ich einmal in der Tradition dieser mutigen Frauen stehen kann. Im vergangenen Jahr machte ich mich mit meinem Vater auf in die anatolische Heimat unserer Familie. Wir kehrten zurück in ein Gebiet, das Anfang 2023 von dem verheerenden Erdbeben in großen Teilen zerstört worden war und Zigtausende Todesopfer und Wohnungslose zu beklagen hatte. Wir steuerten unser Auto in das kleine Dorf nahe der Metropole Malatya. Das Haus aus Lehm und Holz, das meine Ahnen gebaut hatten und worin zuletzt die Saisonarbeiter während der Aprikosenernte untergebracht worden waren, war zusammengestürzt. Uns war klar, dass wir es würden abreißen lassen müssen. Und mit Blick auf die Aprikosenfelder wurde deutlich, dass ich auch hier bei null anfangen müsste. All die Jahre wurden die Bäume mit Pestiziden besprüht. Jetzt, wo ich über die Felder bestimmen kann, werde ich das beenden. Ich lasse alle Bäume fällen, werde das Feld eine Weile brach liegen lassen, damit sich der Boden regenerieren kann, und dann werde ich neue Aprikosenbäume pflanzen lassen und den Menschen und Märkten dort eine gesunde Arbeit mit gesunden Ernten bieten. Im Dezember 2023, drei Tage nach dem Abriss des alten Hauses, starb mein Vater. Zwei Ereignisse, die ich irgendwie zusammenbringe. Ein Kapitel ist beendet, eine neues muss aufgeschlagen werden. Ja, jetzt würde ich neu anfangen müssen, in der Türkei lasse ich die Aprikosensetzlinge wachsen und in Deutschland die Firmen meiner Gründerinnen.

Während das Buch entstand, musste ich Abschied von meinem Vater nehmen. Dieses Foto zeigt ihn auf unserer letzten Reise in seine anatolische Heimat.

KAPITEL

3

Die POTENZIALE ENTFESSELN

3.1 DER ÖKOFEMINISMUS

ZEITREISE DURCH EINE MUTIGE BEWEGUNG

Die Geburt des westlichen Ökofeminismus ist eng verbunden mit den ersten großen Umweltkatastrophen des vergangenen Jahrhunderts, mit dem Wettrüsten des Kalten Krieges, mit den Risiken der zivilen Nutzung von Atomkraft, mit dem massenhaften Anbau von chemiegestützten Monokulturen, die großflächig Landschaften und Artenvielfalt zerstörten. Zu den initialen Ereignissen gehörte auch die verheerende partielle Kernschmelze im US-Atomkraftwerk Harrisburg im März 1979. Eine Explosion konnte gerade noch vermieden werden, trotzdem gelangte radioaktiv belastete Luft in die Umgebung, Zehntausende Menschen mussten evakuiert werden. Es kam zu milliardenschweren Sachschäden, und in den Folgejahren stieg nach neuerer Studienlage die Zahl von Krebserkrankungen und Krebstoten bei Menschen wie Tieren. Die Gefahr wurde damals in einem politischen Affekt heruntergespielt, doch große Teile der Bevölkerung – und erst recht die Evakuierten, die irgendwann zurückmussten – trugen einen Schock davon. Der erste große globale Ökofeminismuskongress war nichts anderes als ein Versuch, diesen Schock zu verarbeiten, die Finger in die Wunden zu legen und gleichzeitig Alternativen anzubieten – und zwar aus weiblicher Sicht!

Etwa ein Jahr nach dem Störfall pilgerten rund 600 Frauen auf den Campus der University of Massachusetts in Amherst. Unter dem Titel *Women and Life on Earth: A Conference on Eco-Feminism in the 80s* diskutierten sie dort drei Tage lang, vom 21. bis 23. März 1980, die großen Herausforderungen der Zeit. Ein Panel der

Konferenz hieß etwa *How Women Are Affected By, and Affect, Ecological Issues.* Hier wurde also bereits die Frage aufgeworfen, wie Frauen einerseits von ökologischen Themen betroffen sind und wie sie andererseits mithelfen könnten, diese ökologischen Themen mitzugestalten. Die Redebeiträge über die Auswirkungen giftigen Mülls, über die Zusammenhänge von Radioaktivität und Gesundheit oder über die Risiken von Genmanipulation wurden moderiert von der Schriftstellerin und Dichterin Grace Paley. Sie verfasste ein sogenanntes Unity Statement, in dem sie die Mission der Aktivistinnen im amerikanischen Nordosten zusammenfasste:

Grace Paley

„Wir sind Frauen, die sich zusammengefunden haben, um in einer angstvollen Zeit eine gemeinsame Hoffnung zu verfolgen. Wir gehen in die Achtzigerjahre mit Sorge um die Zukunft unseres Planeten. Die Kräfte, die unsere Gesellschaft kontrollieren, bedrohen unsere Existenz mit Atomwaffen und Atomkraftwerken, Giftmüll und Gentechnik. Eine Gesellschaft und Weltwirtschaft, die auf den Profit einiger weniger weißer Männer ausgerichtet ist, hat die Voraussetzungen für weit verbreitete Arbeitslosigkeit, häusliche Gewalt und auf den Straßen, Unterdrückung der Völker der Dritten Welt, rassistische Übergriffe, unzureichende Ernährung, Unterbringung und Gesundheitsversorgung und schließlich die ökologische Verwüstung der Erde geschaffen.

Wir sehen Zusammenhänge zwischen der Ausbeutung und Verrohung der Erde und ihrer Menschen und der physischen, wirtschaftlichen und psychischen Gewalt, der Frauen tagtäglich ausgesetzt sind. Wir wollen die historischen Unterschiede in Bezug auf Rasse, Armut, Klasse, Alter und sexuelle Vorlieben, die Frauen voneinander getrennt und politisch machtlos gemacht haben, verstehen und versuchen, sie zu überwinden ...“

3.1 DER ÖKOFEMINISMUS – ZEITREISE DURCH EINE MUTIGE BEWEGUNG

Zu den zwölf Organisatorinnen des Kongresses von Amherst gehörte Anna Gyorgy, die 2020 angesichts neuer großer Herausforderungen wie dem Klimawandel einer US-Zeitung über die Aktion noch einmal Auskunft gab: „Damals, 1980, ging es uns nicht nur darum, die Atomkraft sowie ökologische und militärische Gefahren zu stoppen. Wir engagierten uns auch in Projekten für das Leben. Dazu gehörten der ökologische Landbau, die Gründung von Lebensmittelgenossenschaften, Recycling- und Kompostierungsprojekte in unseren Städten sowie kommunale Solar- und Wetterschutzprojekte. Es mangelte uns damals nicht an Lösungen. Was uns fehlte, war politische Macht." US-Präsident Jimmy Carter hatte zwar Solarkollektoren auf dem Dach des Weißen Hauses installieren lassen, was als zartes Signal für den Aufbruch in eine neue, bewusstere Zeit gewertet wurde, er rief auch eine neue Umweltbehörde ins Leben, und auch die Außenpolitik wurde als weniger kriegerisch wahrgenommen – doch Carter musste nach einer Legislatur gehen, und der Kalte Krieger Ronald Reagan zog ins Weiße Haus ein. Kaum war er gewählt, legten die Ökofeministinnen im November 1980 nach. Sie riefen auf zur *Women's Pentagon Action*, für die nun sogar 2000 Frauen in die Hauptstadt Washington, D.C. reisten. Nach einem eintägigen Workshop umzingelten sie mit einer Menschenkette das Pentagon und forderten: *„No more amazing inventions for death!"*

Mit diesen beiden Versammlungen kann das Jahr 1980 als Geburtsstunde des Ökofeminismus gesehen werden, eines immer breiter werdenden aktiven Engagements von Frauen im Kampf gegen die Abgründe ihrer jeweiligen Zeit. Und da sind wir auch schon beim Ökofeminismusbegriff. Wieso eigentlich Ökofeminismus? Wieso nicht einfach Ökoaktivismus? Weil, wie Grace Paley richtig schrieb, die existenziellen Bedrohungen von den Vertretern des Patriarchats geschaffen wurden. Im Wort Ökofeminismus hingegen steckt das Andere, die andere Sicht, die andere Kraft, die weibliche Herangehensweise, ökologische Probleme ernst zu nehmen, zu lösen und keine neuen entstehen zu lassen. Als all das passierte, war ich noch nicht mal in der Schule. Das Wort Feminismus sollte ich erst als Teenager mit Alice Schwarzer in Verbindung bringen und mit jener recht rebellischen Frau im Freundeskreis meiner Mutter, von der ich bereits erzählt hatte. Bei ihnen ging es in erster Linie um Gleichberechtigung, Selbstermächtigung und Frauenrechte. Ökofeminismus, also die Fusion von ökologischen und feministischen Belangen, blieb mir damals, in den Achtzigern, völlig unbekannt.

Weiter im Text auf Seite 100

LE FÉMINISME OU LA MORT

Françoise d'Eaubonne

3.1 DER ÖKOFEMINISMUS – ZEITREISE DURCH EINE MUTIGE BEWEGUNG

Geburtsmoment des amerikanischen Ökofeminismus. Dieses Foto zeigt Demonstrantinnen der Women's Pentagon Action im November 1980. „We meet as women to weave a world web of life to entangle the powers that bury our children" steht auf dem Banner – was für ein wunderbarer Slogan!

„WIR TREFFEN UNS ALS FRAUEN UND WEBEN EIN WELTNETZ DES LEBENS, UM DIE MÄCHTE ZU FESSELN, DIE UNSERE KINDER BEGRABEN."

3.1 DER ÖKOFEMINISMUS – ZEITREISE DURCH EINE MUTIGE BEWEGUNG

Diejenige, die dieses Wort 1974 erfunden hatte, war die Französin Françoise d'Eaubonne, eine Feministin, die so radikal und sogar militant war, dass man in Frankreich lieber Simone de Beauvoir lauschte und das schöne Wort *écoféminisme* dort jahrelang der akademischen Feminismustheorie überließ. Es ist sicher kein Zufall, dass d'Eaubonnes Buch *Le féminisme ou la mort* (Feminismus oder Tod), in dem der Begriff des Ökofeminismus erstmals fiel, so kurz nach der Veröffentlichung des aufrüttelnden Berichts *The Limits To Growth* (Die Grenzen des Wachstums) des Club of Rome erschien. 1972 war darin mit mahnenden Worten die unmissverständliche Logik transportiert worden, dass ein begrenzter Planet kein Ort für grenzenloses Wachstum sein kann und sich daher die Menschheit mit ihrem Wachstumshunger auf der völlig falschen Spur befindet. Wer saß damals an den Lenkrädern der Konzerne? Wer trat aufs Gaspedal? Wer stand für den entfesselten Turbokapitalismus? Das waren nun mal die Männer. Françoise d'Eaubonne führte daraufhin Ökologie- und Feminismusbegriff zusammen. Sie stellte die These auf, dass Ausbeutung und Unterdrückung der Frauen auf der einen Seite und die Ausbeutung und Zerstörung der Umwelt auf der anderen Seite einen gemeinsamen Ursprung haben, den patriarchalen Kapitalismus. Ihrer ökofeministischen Theorie zufolge haben die Männer die Macht über die Fruchtbarkeit des Bodens und über die

WOMEN, NATURE AND CULTURE

Ynestra King

Doch bereits Simone de Beauvoir hatte auf die Zusammenhänge hingewiesen. Ihrer Meinung nach haben patriarchale Gesellschaften mit dem Dilemma zu kämpfen, dass Männer gern ihre Sterblichkeit verleugnen, sie jedoch sowohl von den Frauen als auch von der Natur unablässig daran erinnern werden, indem man ihnen ihre Abhängigkeiten aufzeigt. Ynestra King, ebenfalls eine der Organisatorinnen des ersten Ökofeminismuskongresses in Massachusetts, schrieb dazu 1989 in dem Band *Healing the Wounds: Feminism, Ecology, and Nature/Culture Dualism*. „Ein wichtiger Beitrag von Beauvoirs Werk besteht darin zu zeigen, dass Männer aus nicht nur wirtschaftlichen Gründen versuchen, Frauen und die Natur zu beherrschen. Sie tun dies auch aus psychologischen Gründen: Sie verleugnen einen Teil ihrer selbst, ihre eigenen schöpferischen Möglichkeiten." Und dann erklärt sie: „Der Prozess beginnt damit, dass sie die Zärtlichkeit und das Einfühlungsvermögen aus kleinen Jungen herausprügeln und deren natürliche menschliche Neugier und Freude daran, die Welt um sie herum zu beeinflussen, in arrogante Haltungen und zerstörerische Wege lenken. Für Männer, die in frauenfeindlichen Kulturen aufgewachsen sind, ist die Tatsache, dass sie von Frauen geboren wurden und für ihre Existenz von der nichtmenschlichen Natur abhängig sind, erschreckend." Ynestra King sagt, dass Frauen und Natur deshalb aus der

Körper der Frauen übernommen, die sie beide beherrschen und – wenn man sie lässt – sogar töten. Auf dieser Grundlage entwickelte sich ein ganz neuer Zweig in Forschung und Aktivismus, der von vielen bedeutenden Feministinnen weiter geprägt wurde wie der US-Autorin Ynestra King oder der großen deutschen Soziologin Maria Mies, die im gesegneten Alter von 92 Jahren verstarb, während dieses Buch entstand.

3.1 DER ÖKOFEMINISMUS – ZEITREISE DURCH EINE MUTIGE BEWEGUNG

männlichen Welt ausgegliedert und objektiviert würden. „Der Prozess der Objektivierung, der Verwandlung von Frauen und der Natur in ‚andere', die es sich anzueignen und zu beherrschen gilt, beruht auf einem tiefgreifenden Vergessen der Männer. Sie vergessen, dass sie von Frauen abstammen, in ihren frühen hilflosen Jahren von Frauen abhängig waren und ihr ganzes Leben lang von der Natur abhängig sind. Dieses Vergessen ermöglicht erst die Objektivierung und dann die Beherrschung. Aber der verleugnete Teil wird nie ganz ausgelöscht. Die Erinnerung bleibt im Wissen um die Sterblichkeit und in der Angst vor der Macht der Frauen."

Wie man es auch von politischen Parteien kennt, haben sich im Ökofeminismus seit der Grundsteinlegung zwei Flügel ausgebildet. Auf der einen Seite halten sich die Integriererinnen auf. Sie wollen mit den Frauen, die unsere Quelle, Mutter Erde, bewahren, schützen, pflegen, wieder aufbauen wollen, die destruktive Männerwelt, die uns das alles eingebrockt hat, infiltrieren. Ynestra King beispielsweise zweifelt daran, dass das gelingen kann. Sie vermutet sogar, dass Frauen in patriarchalen Machtpositionen nicht anders werden handeln können als Männer. Veränderung ist ihrer Meinung nach nur dann möglich, wenn die enge Verbindung zwischen Frau und Natur nicht abgebaut oder heruntergeschliffen wird und man sich grundlegend mit den bestehenden wirtschaftlichen und politischen Machtstrukturen auseinandersetzt. Diese abzuschaffen oder, sagen wir, zu transformieren, das will der andere Flügel des Ökofeminismus, der radikale Ökofeminismus.

Weiter im Text auf Seite 106

Dr. Natsuko Hagiwara

ESSAY VON DR. NATSUKO HAGIWARA

Japans bekannteste Ökofeministin ist Natsoku Hagiwara. Ich bat die Soziologin, mir zu erklären, welche Ereignisse sie geprägt haben – und welche Rolle der Ökofeminismus heute wieder spielen muss. Dies schrieb sie mir:

Seit meiner Kindheit interessiere ich mich für Fragen der Umwelt und der Umweltverschmutzung. Ich würde sagen, dass ich zu einer Generation gehöre, die nicht anders konnte, als sich dafür zu interessieren. Ich wurde 1956 in Japan geboren, dem Jahr, in dem das Land in seinem Wirtschaftsweißbuch erklärte, dass „die Nachkriegszeit vorbei ist". Das führte zu dem rasanten Wirtschaftswachstum in den Sechziger- und Siebzigerjahren, unter dessen Einfluss ich aufwuchs. Damals wurde in den Fernsehnachrichten und auf den Titelseiten der Zeitungen jeden Tag über die Umweltverschmutzung berichtet, die einen negativen Aspekt dieses Wirtschaftswachstums darstellte und die gleichzeitig unser Leben und unsere Gesundheit bedrohte.

Es war aber nicht nur die Besorgnis über die Zerstörung der Ökosysteme und der Lebensmittelsicherheit, die mich früh sensibilisierte. Es ist keine Übertreibung, wenn ich erzähle, dass auch ein gleichaltriges Mädchen namens Shinobu Sakamoto der Ausgangspunkt für das Interesse an meinem Forschungsthema Ökofeminismus – also Umwelt und Frauen bzw. Geschlecht – gewesen ist. Es litt an der fötalen Minamata-Krankheit, einer chronischen Quecksilbervergiftung, die geistige wie motorische Störungen hervorrief. Im Südwesten Japans war es zu einem Minamata-Ausbruch gekommen. Eine „industrielle Verschmutzung" wurde 1968 endlich von der Zentralregierung als Ursache anerkannt. Schwangere Mütter hatten große Mengen Fisch gegessen, der durch die Industrieabwässer einer Chemiefabrik der Chisso Corporation belastet war. So gelangte Methylquecksilber auch in ihre Plazenta. Besagtes Mädchen wurde ebenfalls unter dem Einfluss des Quecksilbers geboren. Die Folgen der Krankheit sind bis zum heutigen Tag zu spüren.

Natürlich war dies eine Zeit, in der Umweltzerstörung, Umweltverschmutzung und die Erschöpfung der Energieressourcen an die Oberfläche kamen – nicht nur in Japan, sondern weltweit – und der menschliche Lebensstil an sich infrage gestellt wurde. In diesem Konflikt entstand der Ökofeminismus. Die Bürger begannen, den Überfluss, den sie genossen, zu überdenken und nach Lebensweisen zu suchen, die das Ökosystem nicht zerstörten, die es ihnen ermöglichten, in Harmonie mit der Natur zu koexistieren.

ESSAY VON DR. NATSUKO HAGIWARA

„WIR DÜRFEN NIE VERGESSEN, DASS DIE GESELLSCHAFT, DIE DER ÖKOFEMINISMUS ANSTREBT, EINE FRIEDLICHE IST."

1999, zehn Jahre, nachdem ich auf einem Sommerprogramm des Institute for Social Ecology von der bahnbrechenden Ökofeministin Ynestra King erweckt worden war, führte ich Forschungsinterviews mit Obaas (älteren Frauen), die sich Mitte der Achtzigerjahre gegen den Bau des neuen Flughafens auf der südjapanischen Insel Ishigaki eingesetzt hatten. Sie waren Teil einer Kampagne zum Schutz des Meeres und der Korallenriffe. Die aussagekräftigste Botschaft, die ich aus den Interviews mit den Frauen, die aktiv an der Kampagne teilnahmen, erhielt, war ihre feste Bereitschaft, sich dem „Krieg zu widersetzen". Was meinten sie damit?

Das Shiraho-Gebiet in Okinawa, wo der Flughafen gebaut werden sollte, diente während des Zweiten Weltkriegs als Militärflugplatz. Die Erinnerungen an die vielen jungen Selbstmordattentäter, die von hier aus starteten, beeinflussten die Obaas stark in ihrem Widerstand. Sie wussten aus eigener Erfahrung, dass der Bau eines Flughafens nicht nur das Meer zerstören, sondern auch eines Tages zu einem Krieg führen würde, und dass ein solcher Krieg die nachhaltige Lebensgrundlage und sogar Menschenleben kosten würde. Wir dürfen nie vergessen, dass die Gesellschaft, die der Ökofeminismus anstrebt, eine friedliche Gesellschaft mit einer besseren Beziehung zwischen der Menschheit und der Erde ist.

Nach dem 11. März 2011 und dem durch ein Erdbeben verursachten Unfall im Kernkraftwerk Fukushima Daiichi wurde der Ökofeminismus in Japan neu überdacht – dieses Mal unter dem Aspekt der reproduktiven Gesundheit. Wir sind uns bereits der Gefahr bewusst, dass der Preis der Zerstörung und Verschmutzung der inneren Natur, unserer inneren körperlichen Umgebung, von einer Generation auf die nächste übertragen wird. Ich vertraue auf die Kraft des Ökofeminismus, eine Gesellschaft anzustreben, in der das Leben an sich von grundlegender Relevanz ist und allein deshalb geschätzt wird. Es ist höchste Zeit, dass wir neu darüber nachdenken, was Glück und Überfluss für uns bedeuten, dass wir verantwortungsbewusst handeln, um der nächsten Generation eine bessere Umwelt und eine besser Gesellschaft zu bieten – und allen Generationen, die noch folgen werden. ●

Prof. Dr. Natsuko Hagiwara lehrte Soziologie an der Ochanomizu Universität und der Rikkyo Universität, beide in Tokio beheimatet. Sie ist Präsidentin des National Women's Education Center of Japan (NWEC) und Mitglied in verschiedenen Regierungsräten. Prägend war für sie u.a. die Teilnahme am *World Women's Congress for a Healthy Planet* 1991 in Florida, für den 1500 Menschen aus 83 Ländern zusammenkamen, um den „praktischen Ökofeminismus" zu diskutieren. Ebenso war sie dabei, als die *Women's Action Agenda 21* verabschiedet wurde, die 1992 die legendäre *Agenda 21* des ersten UN-Umweltgipfels in Rio de Janeiro beeinflusste, im Besonderen das Kapitel 24 mit dem Titel „Action for Women Towards Sustainable and Equitable Development" (Maßnahmen für Frauen für eine nachhaltige und gerechte Entwicklung).

MINAMATA IST IMMER NOCH UND ÜBERALL

Besonders wir Frauen sollten etwas über die Minamata-Krankheit wissen. Denn Quecksilber – genauer: das noch viel giftigere Methylquecksilber – kann aufgrund seiner Fettlöslichkeit nicht nur die Blut-Hirn-Schranke, sondern auch die Blut-Plazenta-Schranke überwinden und wirkt so direkt auf das zentrale Nervensystem von ungeborenem Leben. Das meiste Methylquecksilber in unseren Körpern stammt aus verzehrten Fischen. In ihnen häuft sich die über Luft und Wasser ins Meer gelangte Verbindung an. Beliebte Arten wie Thunfisch, Heilbutt, Rotbarsch oder Aal sind besonders betroffen. Studien legen nahe, dass heutzutage Hunderttausende von Kindern mit von Methylquecksilber verursachten neurologischen Entwicklungsstörungen geboren werden. Dafür muss man noch nicht mal in der Nähe eines Kohlekraftwerks leben, aus dessen Schloten das allermeiste Quecksilber in die Umwelt emittiert wird.

Der Giftskandal von Minamata – laut Umweltbundesamt waren davon akut 17.000 Neugeborene betroffen, 3000 Menschen starben – hat zuerst auf das Quecksilberproblem aufmerksam gemacht. Doch nach dem Vorfall vergingen etwa 60 Jahre, ehe bei den UN mit der Minamata-Konvention eine völkerrechtlich bindende Regulierung der globalen Quecksilberemissionen verabschiedet wurde. Jahrzehntelang durften auch deutsche Energiekonzerne annähernd ungefiltert riesige Mengen von bei der Kohleverbrennung freigesetztem Quecksilber in die Atmosphäre blasen. Erst 2017 trat das UN-Abkommen in Kraft, 147 Länder ratifizierten es. Interessant zu beobachten war, dass beim fünften Treffen der Unterzeichnerstaaten der Minamata Convention on Mercury im Herbst 2023 in Genf, weibliche Teilnehmer die überwältigende Mehrheit stellten. Ebenfalls im Herbst 2023 erkannte ein japanisches Gericht die Leiden von 128 Klägern als Spätfolgen der Minamata-Vergiftung an und verurteilte den schuldigen Konzern zu weiteren Entschädigungszahlungen. 2020 wurde den Opfern übrigens auf der Berlinale mit dem Johnny-Depp-Film „Minamata" ein künstlerisches Denkmal gesetzt.

Am 9. Juni 1972 protestierte das von der Quecksilbervergiftung betroffene Mädchen **Shinobu Sakamoto** *mit seinen Eltern während der ersten UN-Umweltkonferenz in Stockholm gegen die industrielle Verseuchung. Sakamotos Schicksal beeinflusste den beruflichen Weg von Natsuko Hagiwara maßgeblich.*

105

3.1 DER ÖKOFEMINISMUS – ZEITREISE DURCH EINE MUTIGE BEWEGUNG

Danach sollen an die Stelle von Herrschaft und Hierarchie Gleichheit und Gemeinschaft treten, Akteure, die auf Augenhöhe miteinander umgehen. Maria Mies und die indische Menschenrechtlerin Vandana Shiva erklärten 1993 in ihrem Buch *Ökofeminismus:* „Unser Ziel ist es, über die enge Perspektive [des Patriarchats] hinauszugehen und unsere Vielfalt zum Ausdruck zu bringen und auf unterschiedliche Weise die inhärenten Ungleichheiten in den Weltstrukturen zu thematisieren, die es dem Norden erlauben, den Süden zu dominieren, den Männern, die Frauen zu dominieren, und der frenetischen Ausbeutung von immer mehr Ressourcen für immer ungleicher verteilte wirtschaftliche Gewinne, die Natur zu dominieren."

Das Wort Vielfalt ist gefallen. Darin liegt aus meiner Sicht ein ganz wichtiger Wesenszug des Ökofeminismus. Denn Ökofeminismus betrachtet das Leben ganzheitlich. Er gliedert nichts aus, wertet nichts ab. Das Leben auf der Erde, deren Ökosysteme, funktionieren nur, weil Abermilliarden von Lebewesen in Symbiosen miteinander interagieren, sich ergänzen, voneinander profitieren. Es herrscht ein ständiges Geben und Nehmen. Jede Sekunde rotieren unzählige Kreisläufe, die wiederum mit vielen anderen Kreisläufen verschränkt sind. Die Vielfalt, die Biodiversität, die sich über Jahrmillionen ausbilden konnte, stellt die Grundlage unserer gesamten Existenz.

Niemand darin ist verzichtbar. Jedes Element hat aufgrund seiner unschätzbaren (aber unterschätzten!) Leistungen den größten Respekt und den größten Schutz verdient. Der ungebremste Raubbau an Mutter Erde hat jedoch zum Verlust vieler dieser Elemente geführt. Einem 2019 veröffentlichten UN-Bericht zufolge sind weltweit etwa eine Million von geschätzt acht Millionen Tier- und Pflanzenarten vom Aussterben bedroht. Und dabei sind natürlich nicht eingerechnet die Milliarden von einzelnen Individuen – von Mikroorganismen, Pilzen, Insekten, Blumen etc. –, die etwa bei der Bodenversiegelung durch einen Supermarktparkplatz getötet werden, durch die Abholzung eines Waldes oder den Breitbandpestizideinsatz eines Bauern. Je mehr dieser Elemente verloren gehen, desto poröser wird das Netz des Lebens, das sie vorher gebildet hatten. Irgendwann reißt dieses Netz, irgendwann werden Kipppunkte erreicht, die zu einem beschleunigten Massensterben führen und damit zu ungeahnten Konsequenzen auf unserem Planeten, die alle Lebensbereiche betreffen. Daher ist der Erhalt der Biodiversität so wichtig, daher ist der Kampf gegen den Klimawandel so wichtig, der riesige Effekte auf die Biodiversität hat.

Diese ganzheitliche Sicht vertritt der Ökofeminismus nicht nur gegenüber der Natur, sondern auch gegenüber der Gesellschaft, die selbst Teil der Natur ist. Daher ist auch im sozialen Kosmos niemand, wirklich niemand auszuschließen, zu meiden, zu ignorieren, auszubeuten oder gar als Kollateralopfer von Umweltzerstörung hinzunehmen. Jeder und jede zählt. Jeder Kopf, jedes Herz, jedes paar Hände wird gebraucht, um diesen Planeten zu retten. Ist das nicht wieder reine Logik? Wir wissen, dass das reichste eine Prozent der Erdbevölkerung für 15 Prozent der CO_2-Emissionen verantwortlich ist. Die ärmsten 50 Prozent der Weltbevölkerung sorgen aber nur für 7 Prozent der CO_2-Emissionen. Sollte es uns nicht als so große Gruppe gelingen, es mit dieser kleinen Elite aufzunehmen? Das funktioniert aber nur, wenn wir niemanden vergessen, wenn wir die Menschen aus ihrer systemisch angelegten Untätigkeit oder Verzweiflung herausholen, sie aktivieren und für den Kampf um eine bessere Welt befähigen – in der nördlichen wie der südlichen Hemisphäre.

„IN EINER ÖKOFEMINISTISCHEN GESELLSCHAFT HÄTTE NIEMAND MACHT ÜBER EINEN ANDEREN, WEIL WIR UNS ALLE ALS TEIL EINES VERNETZTEN LEBENS VERSTEHEN WÜRDEN."

US-Autorin LINDSY VAN GELDER

3.1 DER ÖKOFEMINISMUS – ZEITREISE DURCH EINE MUTIGE BEWEGUNG

1986 kam der ökofeministische Begriff in der deutschen Politik an. Auch hier war es ein Kongress, der die Rolle der Frau im Kosmos grüner Themen unterstrich. Initiiert wurde er von einem Arbeitskreis der Grünen im Deutschen Bundestag. *Frauen und Ökologie. Gegen den Machbarkeitswahn* hieß die dreitägige Veranstaltung in Köln. Sie fand im Oktober statt, ein halbes Jahr zuvor hatte auch uns mit der Reaktorkatastrophe von Tschernobyl der erste große Störfall auf europäischem Boden gezeigt, wie gefährlich die Kernenergie sein kann. Hatte nicht bereits die visionäre Petra Kelly 1980 auf der UN-Frauenrechtskonferenz in Kopenhagen davor gewarnt?

Zwar befanden sich seitdem Frauen gerade bei den Grünen und auch in zahlreichen Umweltorganisationen auf dem Vormarsch, aber von *Ökofeminismus* war dabei nicht mehr die Rede. Über fast 30 Jahre verschwand der Begriff aus der öffentlichen Debatte. Bis 2015. Die Pariser Weltklimakonferenz mit dem von 195 Staaten unterzeichneten Abkommen, die Klimaerwärmung deutlich unter zwei Grad Celsius gegenüber der vorindustriellen Zeit zu begrenzen, schenkte dem Thema gerade in Frankreich, dem Mutterland des Ökofeminismus, neue Nahrung. Die bis dahin als Professorin für ökologische Philosophie belächelte Émilie Hache wurde plötzlich ernst genommen. Sie steht in der Tradition von Simone de Beauvoir und Françoise d'Eaubonne und gab 2016 mit der Weltklimakonferenz im Rücken die ökofeministische Textsammlung *Reclaim* heraus – zu Deutsch: Rückeroberung –, die sich überraschend gut verkaufte. „Die Ökofeministinnen", sagte Émilie Hache der ZEIT, „mussten nichts erfinden. Sie mussten nur zusammenbringen, was schon da war."

In ihrer Folge betrat Greta Thunberg die Bühne, die sich 2018 erstmals als Schülerin mit ihrem Protestschild vors Stockholmer Parlamentsgebäude gesetzt hatte. Thunberg wurde zu einer Galionsfigur der Bewegung, der viele junge Frauen auf der ganzen Welt folgten. Das muss man sich einmal vorstellen: Dieser bis dahin unbekannten Sechzehnjährigen gelang, was keinem Menschen bisher gelungen war – auf dem gesamten Erdball über Jahre regelmäßig Millionen Anhängerinnen und Anhänger für eine gemeinsame Sache hinter sich zu versammeln: die Rettung des ganzen Planeten. Von Seiten des Patriarchats erhielt Thunberg mitunter starken Gegenwind. Zwar ließ man sie hinein bis ins Hauptquartier der Vereinten Nationen, wo sie den Verantwortlichen mit einer unvorstellbaren Wut ins Gewissen redete („How dare you!"), doch besonders die Besitzstandswahrer aus den rechten Ecken griffen sie heftig an. Häme war noch das Geringste. Dass *Fridays for Future* auf Facebook von wahrscheinlich eher männlichen Autonarren mit Gruppen wie *Fridays for Hubraum* Konkurrenz bekam, konnte man vielleicht noch als bescheuerten Gag abtun. Doch Thunberg erreichten eben auch täglich abartige Beleidigungen, Vergewaltigungsfantasien und Morddrohungen. Auffallend waren die persönlichen Anfeindungen, die nicht auf sie als politischer Mensch abzielten, sondern auf sie als junge Frau. Mit dem kompletten sexistischen und militaristischen Arsenal, das eine aggressive männliche Sprache hergibt, wurde auf sie geschossen. Damit steht sie in einer Reihe mit all den anderen mutigen Frauen, die vor ihr die Stimme erhoben hatte. Hier hat sich bisher nichts geändert. Es muss auch im 21. Jahrhundert noch verdammt schwer sein, sich als Mann von einer (jungen) Frau die Wahrheit ins Gesicht sagen zu lassen. Und längst nicht nur von einer. 70 Prozent der Klimabewegung, so war einmal zu lesen, sollen weiblich sein.

> *„Wir bewegen uns immer noch in die falsche Richtung, in der es den Machthabern erlaubt ist, Opfer zu verursachen."*
>
> *Greta Thunberg*

Hat sich die Klimapolitik in fünf Jahren Thunberg und acht Jahren Pariser Abkommen verändert? Das Resümee, das die inzwischen 20-Jährige 2023 twitterte, fiel ernüchternd aus. „Wir bewegen uns immer noch in die falsche Richtung, in der es den Machthabern erlaubt ist, Opfer zu verursachen", schrieb sie. „Im Namen der Gier, des Profits und des Wirtschaftswachstums werden Menschen und der Planet an den Rand gedrängt und beeinträchtigt. Sie fahren fort, die Biosphäre und unsere lebenserhaltenden Systeme zu destabilisieren. Wir nähern uns rasch potenziellen nicht linearen ökologischen und klimatischen Kipppunkten, die sich unserer Kontrolle entziehen. Und in vielen Teilen der Welt beschleunigen wir diesen Prozess sogar noch." Auch wenn sie es nicht im ökofeministischen Ton ausdrückt, die Adressaten sind klar benannt, die „Machthaber", das Patriarchat. Weil die Schwedin nun ihren Schulabschluss hat und folglich nicht mehr in den Schulstreik treten kann, will sie ihre Proteste an anderer Stelle fortsetzen. Sie hätte keine andere Wahl, *wir* hätten keine andere Wahl, sagt sie.

Aufgrund der teils überheblichen Politik des „Weiter so", die das Paris-Ziel in immer weitere Ferne rückt, entstanden neben der gewaltfreien Bewegung Thunbergs neue Gruppen, die nicht nur verbal eine Schippe drauflegten, sondern auch vor Störungen des öffentlichen Lebens nicht zurückschreckten. Gemeint sind natürlich Gruppen wie

"Arrested at the gates of the palace. Tell the King!"

Emmeline Pankhurst

3.1 DER ÖKOFEMINISMUS – ZEITREISE DURCH EINE MUTIGE BEWEGUNG

Extinction Rebellion oder *Letzte Generation*. An ihrer Spitze nicht nur Frauen, aber in großer Zahl. Die mit ihren Aktionen wie dem Festkleben auf Straßen oder Farbattacken auf Gemälde heiß diskutierte Frage war, wo Störung in Gewalt übergeht, welcher Protest noch zu akzeptieren ist und welcher nicht. Ohne diese Frage hier beantworten zu wollen, möchte ich darauf hinweisen, dass das, was Frauen für die eigene Sache erreicht haben, nicht selten auch über Gewalt zustande kam. Ich erinnere an Emmeline Pankhurst und die englische Suffragettenbewegung, die im Kampf um das Frauenwahlrecht mit ihrem Latein ans Ende gekommen war – das heißt mit konventionellen, friedlichen und rein verbalen Instrumenten – und dann schließlich die Eskalation wählte. Pankhurst gab 1913 in einer historischen Rede folgende Begründung ab:

„*Ich möchte hier und jetzt sagen, dass die einzige Rechtfertigung für Gewalt, die einzige Rechtfertigung für Sachbeschädigung, die einzige Rechtfertigung für die Gefährdung des Wohlbefindens anderer Menschen die Tatsache ist, dass alle anderen verfügbaren Mittel ausprobiert wurden und es nicht gelang, für Gerechtigkeit zu sorgen. Als gesetzestreuer Mensch – und ich bin von Natur aus ein gesetzestreuer Mensch –, als jemand, der Gewalt und Chaos hasst, möchte ich sagen, dass ich mich von dem Moment an, als wir mit unserer militanten Agitation begannen, bis heute in dieser Angelegenheit absolut schuldlos gefühlt habe.*

Als wir geduldig waren, als wir an Argumente und Überzeugungsarbeit glaubten, sagten sie: ‚Ihr wollt es nicht wirklich, denn wenn ihr es wolltet, würdet ihr etwas tun, das unmissverständlich zeigt, dass ihr es unbedingt haben wollt.' Und als wir dann etwas Unmissverständliches taten, sagten sie: ‚Ihr benehmt euch so schlecht, dass ihr zeigt, dass ihr nicht dafür geeignet seid.' Nun, meine Herren, im Grunde Ihres Herzens glauben Sie das nicht. Sie wissen ganz genau, dass es nie eine wertvolle Sache gab, für die es sich nicht lohnte zu kämpfen."

. . . .

*Am **21. Mai 1914** führte Emmeline Pankhurst eine Gruppe von 200 Frauen an, die vor dem Buckingham Palace für das Frauenwahlrecht protestieren wollten. Eine riesige Menge Schaulustiger gaffte, als die Suffragetten von 2000 Polizeibeamten empfangen wurden und die Stimmung schnell in Richtung Gewalt kippte. Pankhurst (Foto) wurde zusammen mit sechzig weiteren Frauen verhaftet. Aus Empörung über ihre brutale Behandlung verübten die Suffragetten in der Folge Vergeltungsschläge.*

3.1 DER ÖKOFEMINISMUS – ZEITREISE DURCH EINE MUTIGE BEWEGUNG

15 Jahre nach dieser Rede, nach zahlreichen Protesten, Brandschatzungen, Explosionen, Todesfällen und Inhaftierungen wurde in England das Frauenwahlrecht eingeführt. Ob es ohne den militanten Protest so schnell so weit gekommen wäre? Auch Teile des Ökofeminismus sehen Radikalität als Mittel. Ynestra King gehört zu diesem Flügel. Sie sagte mal dazu: „Jeder, der immer noch denkt, dass Ökofeministinnen nette, harmlose, ätherische Erdmütter sind, ist verrückt. Wenn man sieht, was die Wurzeln der ökologischen Krise sind, erkennt man, dass man den Planeten nicht retten kann, ohne die Wirtschaft radikal zu verändern und soziale Befreiung auf allen Ebenen zu schaffen. Der Feminismus ist dabei absolut zentral, denn er hat die am weitesten fortgeschrittene Kritik an der gesellschaftlichen Herrschaft geübt. Die einzigen Lösungen an diesem Punkt sind letztlich radikal."

Im globalen Norden zeigt sich die Radikalität heute in immer häufiger von Frauen organisierten und angeführten Klimademonstrationen, Straßenblockaden, Besetzungen etwa von Lützerath, dem Hambacher Forst oder wie 2023 eines Shell-Frachters, der eine Ölplattform in die Nordsee zog. Auch bei diesem durchaus riskanten Manöver ging eine deutsche Aktivistin mit an Bord. Im globalen Süden jedoch gewinnt man den Eindruck, dass die Radikalität eine andere ist und Frauen noch mehr aufs Spiel setzen, weil die Zerstörung, die Wunden, die in Mutter Erde geschlagen werden, unmittelbare Konsequenzen auf die Unversehrtheit ihrer Kinder und Umwelt haben.

Wie im westafrikanischen **Sierra Leone.** Dort ist der luxemburgische Socfin-Konzern mit seinem belgischen Chef Hubert Fabri beharrlich dabei, sich wohl auch mit illegalen Mitteln Land einzuverleiben, um es zu roden und Palmölplantagen anzulegen. Die lokale Bevölkerung lässt sich das nicht mehr gefallen und steht seit 2011 im Kampf gegen das, was man modernen Kolonialismus nennen könnte. An der Spitze der Bewegung namens *Rise Against Repression* steht Hannah Dean. „Die Frauen leiden am meisten", sagt sie. „Unser Kinder und Männer wurden festgenommen und inhaftiert. Du wirst hier schon verhaftet, wenn du nur eine Nuss aus den Plantagen nimmst. Ich wurde misshandelt, geschlagen und vor Gericht gebracht, weil ich aufgestanden bin für etwas, das uns gehört. Frauen spielen bei allen Deals, die hier mit Grund und Boden gemacht werden, keine Rolle. Solange du keinen Bruder hast, nehmen sie dir das Land weg. Sollten sie mir es wiedergeben, werde ich weiter meine Landwirtschaft betreiben, denn Palmöl können wir nicht essen." Hannah Dean steht stellvertretend für eine wachsende Gruppe von Frauen in ganz Afrika, die den Kampf angenommen und auf dem Internetportal womin.africa einen gemeinsamen Kanal in die Welt-

Sierra Leone. Hannah Dean und die Frauen von Rise Against Repression prangern die willkürliche Landnahme an, die westliche Konzerne seit vielen Jahren zusammen mit der Regierung über ihre Köpfe hinweg beschließen. Zertifizierungen von riesigen Palmöl- und Kautschukplantagen dauern oft nur wenige Tage, die Interessen Zigtausender Menschen werden dabei überhört. Ist man den Profitinteressen im Weg, werden diejenigen, die Einspruch erheben, kriminalisiert. Ein einberufener runder Tisch für nachhaltiges Palmöl wird als völlig parteiisch und daher nutzlos bezeichnet.

Indonesien. Für die Ausbeutung von Quarzsanden sollen in Rempang Tausende von Menschen weichen. „Eine solche Zwangsumsiedlung", warnt Suraya Afiff, Anthropologin an der University of Indonesia, „könnte nach den internationalen Regeln als Völkermord eingestuft werden." Der Deal, der dahinter steht – eine chinesische Firma will aus dem Quart Solarpanele und Glas herstellen –, ist nur einer von vielen im Lande. Zwischen 2020 und 2023 wurden 73 Landnahmekonflikte im Zusammenhang mit nationalen strategischen Projekten registriert.

3.1 DER ÖKOFEMINISMUS – ZEITREISE DURCH EINE MUTIGE BEWEGUNG

Öffentlichkeit gefunden haben. Viele von ihnen sind sogar bereit, im Kampf gegen die Unterdrücker und die Zerstörer ihrer Heimat zu sterben.

Oder schauen wir nach **Indonesien,** wo ebenfalls Frauen ihr Leben aufs Spiel setzten, während ich dieses Buch schrieb, und es immer noch tun. Es war Oktober 2023, als ich las, wie sich mutige Rebellinnen und Rebellen in Indonesien den Kräften ihres eigenen Staates gegenüberstellten, der versuchte, ihnen das Land wegzunehmen, das sie und ihre Ahnen seit Generationen bewohnen. Per Zufall hatten die 7500 Bewohnerinnen und Bewohner – 950 Familien in fünf Dörfern – davon erfahren, dass ihre Heimat, Teile der Insel Rempang südlich Singapurs, der eigenen Subsistenzwirtschaft entrissen und dem globalen Turbokapitalismus übereignet werden sollen. In wenigen Monaten würden sie Rempang zu verlassen haben. Das Pech der Insel ist, das sie Unmengen an Quarzsanden zu bieten hat und Begehrlichkeiten weckt. Daher soll nun die Rempang Eco City auf dem urwüchsigen Territorium entstehen, eine Art Industriegebiet mit einer Quarzsandaufbereitungsanlage und Fabriken für die Herstellung von Polysilizium, Glas und Solarpaneelen. Es ist ein Megaprojekt, das unter anderem von der indonesischen Freihandelszonenbehörde und dem chinesischen Konzern Xinyi Glass, dem weltweit größten Hersteller von Glas und Solarmodulen, vorangetrieben wird. Doch nach Ablauf der staatlichen Deadline für die Umsiedlung sind die meisten Bewohner immer noch da. Vor allem die Frauen und die Alten, die die Insel noch als Dschungel kannten, blockieren weiterhin die Zufahrtswege und organisieren Demonstrationen. Und wie die Chipko-Frauen wollen sie ihr Leben aufs Spiel setzen: „Wir sind zu allem bereit", sagen sie. „Wir sind bereit zu sterben."

Ihr Leben aufs Spiel setzen seit vielen Jahren auch Frauen in **Costa Rica.** Sie werden eingeschüchtert und erhalten Todesdrohungen von Landwirten, die sich ihr geliebtes Fungizid nicht nehmen lassen wollen. Die Aktivistinnen begehren auf gegen die seit fast zehn Jahren laufende Verseuchung von Trink- und Nutzwasser durch ein Mittel namens Chlorothalonil. Führender Hersteller ist der Schweizer Agrarriese Syngenta, auch BASF verdient an dem Pilzvernichter. Seit er aufgrund des erheblichen Verdachts, Krebs auszulösen, in 32 auch europäischen Staaten verboten wurde, wird er munter in alle Welt exportiert, dorthin, wo es laxere oder gar keine Vorschriften gibt und Mutter Erde heimlich, still und leise vergewaltigt werden darf. Betroffen von den Auswirkungen des etwa im Gemüseanbau eingesetzten Gifts sind die Bürger des Bezirks Cipreses, unweit der Hauptstadt San José gelegen. Seit einiger Zeit häufen sich in diesem grünen Bergidyll die Fälle von Krebs und anderer schwerer Erkrankungen, auch bei

3.1 DER ÖKOFEMINISMUS – ZEITREISE DURCH EINE MUTIGE BEWEGUNG

Kindern, viele Familien haben viel zu jung verstorbene Verwandte zu beklagen. Sie tranken lange von dem Quellwasser, atmeten toxische Luft. Jahrelang wurde das hingenommen, bis eine Frau aufstand, Isabel Méndez. Sie hatte in der Nähe einer Quelle einen Gottesdienst vorbereitet und nahm plötzlich einen scharfen chemischen Geruch wahr, dazu eine weiße Substanz, die der Regen aus den Pflanzen ins Quellwasser gewaschen hatte. Das war 2014, so ging es los. Wasseranalysen deuteten schnell auf das Fungizid hin. Ein jahrelanges Tauziehen zwischen Betroffenen, Politik und Agrarlobby begann. Bestehen Zusammenhänge oder nicht? Wie viele Opfer sind noch hinzunehmen? Wir kennen solche David-gegen-Goliath-Kämpfe vom Herbizid Glyphosat. Isabels Tochter Fiorella verlor nach und nach ihren Geruchs- und Geschmackssinn. In Sorge um die Gesundheit der Kinder der Region scharte Isabel Méndez andere Frauen um sich und schaffte es tatsächlich, den Druck auf die Regierenden kontinuierlich aufrechtzuerhalten. Erst kürzlich hat auf Empfehlung des Gesundheits- und Umweltministeriums das Verfassungsgericht von Costa Rica der Exekutive eine Frist von sechs Monaten gesetzt, um Chlorothalonil zu verbieten. Der Kampf scheint nun in die Endphase zu gehen. Ich frage mich, warum es vor allem Frauen gewesen sind, die für diese gute Sache die Gefahren um Leib und Leben auf sich genommen haben? „So schwer es auch ist, so schwer es auch gewesen ist, wir werden nicht aufgeben", schrieb Méndez im Herbst 2023 in einem Hilferuf um Spenden. „Denn es geht nicht nur um Cipreses: Wir wissen bereits, dass andere Quellen verseucht sind – in Gebieten, in denen 80 Prozent des costaricanischen Gemüses angebaut werden. Wir sind der Meinung, dass wir nicht zulassen können, dass Syngenta Länder wie unsere – von Lateinamerika bis Afrika – einfach als Abladeplatz für Chemikalien benutzt, die sie in Europa nicht mehr legal verkaufen dürfen."

Dass Frauen nicht übertreiben, wenn sie von Bedrohungen sprechen, zeigt eine zunehmende Zahl von Gewalttaten gegenüber weiblichen Umweltschützern. Vor allem in Lateinamerika, Asien und Afrika sind in Gebieten, wo Bewahrerinnen den Ausbeutern die Stirn bieten, Morde keine Seltenheit mehr. Die Umweltwissenschaftlerinnen Dalena Tran und Ksenija Hanaček von der Universität Barcelona haben sich für die 2023 veröffentlichte Studie „A global analysis of violence against women defenders in environmental conflicts" das Ausmaß der Gewalt angeschaut und wollen damit gleichzeitig eine klaffende Forschungslücke schließen. Indem sie 523 Fälle aus dem Environmental Justice Atlas analysierten und auf 81 getötete Frauen stießen, führten sie erstmals die

Weiter im Text auf Seite 122

ZWISCHEN 2019 UND 2022
GAB ES WELTWEIT

81

TOTE
UMWELTSCHÜTZERINNEN

ERMORDETE UMWELTAKTIVISTINNEN

Neunzehn tote Frauen auf den Philippinen, sieben tote Frauen in Brasilien, sieben tote Frauen in Kolumbien – das sind die traurigen ersten drei Plätze einer Analyse, die 2023 zumindest die Welt der Umweltschützerinnen schockierte. Die Forschergruppe wollte auf Grundlage von im Environmental Justice Atlas zwischen 2019 und 2022 festgehaltenen Fällen herausfinden, in welchen Regionen der Erde vor allen Dingen weibliche Opfer unter den Umweltaktivisten zu beklagen sind – es ist der globale Süden. Die Gewalt, die sie erfuhren, wurde aus Ausbeutungsprojekten heraus organisiert, die die Landwirtschaft, den Bergbau und die Industrie betrafen. Statistisch brachte der Agrarsektor die meisten Toten hervor. Würde man die vermissten Frauen hinzuzählen, wäre die Opferstatistik weit dramatischer. „WEDs" werden die Opfer in der Studie genannt, Women Environmental Defenders.

„Nur die Spitze des Eisbergs"

USA 2
MEXIKO 6
Guatemala 4
HONDURAS 5
El Salvador 1
St. Lucia 1
Costa Rica 1
KOLUMBIEN 7
ECUADOR 1
BRASILIEN 7
PERU 4

UND DIE TATORTE

„Die Studie ist eine einfache, aber aussagekräftige Analyse der weiteren Ungleichheit, der Frauen als Umweltschützerinnen ausgesetzt sind. (…) Die von der Autorin präsentierte Momentaufnahme ist nur die Spitze des Eisbergs. (…) Vielerorts tragen Frauen die Verantwortung für die Versorgung ihrer Familien mit Nahrungsmitteln und Wasser und sind häufig entweder direkt oder als Einkommensquelle auf die lokalen natürlichen Ressourcen angewiesen, sodass sie stärker gefährdet sind, wenn diese Ressourcen nicht mehr zur Verfügung stehen, und stärker von Konflikten betroffen sind. (…) Die mangelnde Berücksichtigung und Berichterstattung über den Tod von Frauen, diese Verdrängung, spiegelt die globale Einstellung wider, Frauen als weniger wichtig, weniger wertvoll, einfach weniger ... als Männer zu betrachten. Das muss sich ändern."

Nathalie Butt
Centre for Biodiversity and Conservation Science, Universität Queensland

Vereinigtes Königreich 2
Ukraine 1
Spanien 1
China 1
INDIEN 2
PHILIPPINEN 19
Sierra Leone 1
Nigeria 1
MYANMAR 2
Somalia 1
BANGLADESCH 3
Thailand 1
Papua-Neuguinea 1
KENIA 2
Ruanda 1
Indonesien 1
Demokratische Republik Kongo 1
Südafrika 1

3.1 DER ÖKOFEMINISMUS – ZEITREISE DURCH EINE MUTIGE BEWEGUNG

Felder Ökozid, Genozid und Geschlecht zusammen. „Ermordungen sind die sichtbarste Form direkter Gewalt, aber alle Bedrohungen von sich wehrenden Frauen sind aufgrund von Zensur und fehlenden Daten schwer zu dokumentieren", schreiben die beiden in ihrer Studie. „Die mangelnde Dokumentation von Gewalt gegen Frauen ist auch auf die diskursive Diskriminierung von Frauen zurückzuführen, deren Verlust als normal oder verdient angesehen wird. Die routinemäßige Ermordung von Verteidigerinnen der Umwelt ist kein Einzelfall, sondern eine politische Taktik, die dem Extraktivismus gewaltsam den Weg bereitet. Medienberichte konzentrieren sich oft auf grausame Details, um die Kämpfe dieser Frauen zu sensationalisieren und zu trivialisieren, und enthalten oft keine Namen, geschweige denn ihre Kämpfe." Die statistischen Ergebnisse deuten darauf hin, dass sich die Gewalt gegen Aktivistinnen auf Konflikte in den Bereichen Bergbau, Agrarindustrie und Industrie im geografischen Süden konzentriert. „Die Verteidigerinnen sind – unabhängig von der Rechenschaftspflicht der Regierung und der Gleichstellung der Geschlechter – in den Ländern in hohem Maße von Gewalt betroffen." Ihre Studie trage hoffentlich, so der Wunsch der Autorinnen, zu einer breiteren Nachhaltigkeitsagenda bei, die auch die Auswirkungen der Rohstoffförderung auf Frauen berücksichtigt.

Ich möchte an dieser Stelle noch einen Blick nach **Südafrika** lenken, wo Frauen seit vielen Jahren im Kampf um Land auf die Straße gehen. Mit der Kampagne „One Woman, One Hectare" treten sie offen in Konkurrenz zu den globalen Agrarkonzernen, den kommerziellen Großfarmern und den patriarchalen Strukturen, die Frauen immer noch den Zugang zu Ackerflächen verwehren, und werfen der Politik eine verfehlte bzw. verzögerte Landreform vor. Sie fordern die Regierung auf, den ärmsten, von Frauen geführten ländlichen Haushalten mindestens einen Hektar Land für den Anbau von Nahrungsmitteln bereitzustellen sowie das nötige Wasser, um schließlich das eigene, lokale Saatgut säen zu dürfen, das im Gegensatz zum modifizierten Saatgut der Konzerne weit klimaresistenter sein soll. Die Ziele heißen: Selbstermächtigung, Aufbau einer eigenen naturnahen Landwirtschaft, die sie selbst versorgt wie auch die lokalen Märkte, Verringerung der Armut, Gewinn an Unabhängigkeit. „Kein Kampf für die Frauen wurde gewonnen, ohne dass die Frauen selbst ihren politischen Raum, ihr Leben und ihre Liebe einfordern", argumentierten die südafrikanischen Landfrauen zu Beginn der Kampagne im Jahr 2015 in einem Manifest. „Der Kampf um die Abschaffung der Apartheid wäre ohne die Forderung der Frauen nach ihren Rechten nicht möglich gewesen. Frau-

Südafrika. Die Kampagne One Woman, One Hectare bringt die Selbstermächtigung der Frau mit dem Besitz von Land zusammen. In fast zehn Jahren hat sie nicht allzu viel bewirkt. Das Patriarchat steht fest. Die Aktivistin Lungisa Huna weist beharrlich darauf hin, dass kleine Hausgärten für Frauen nicht ausreichen, um der Armut und Ernährungsunsicherheit zu entkommen. Die Arbeitslosenquote von Frauen ist in Südafrika zwischen 2013 und 2023 von 27,5 Prozent auf 35,7 Prozent angewachsen, Tendenz steigend. Die Quote der Männer liegt bei 30 Prozent, Tendenz sinkend.

„GEBT UNS DAS LAND! LASST UNS PRODUZIEREN! WIR HABEN UNSER SAATGUT, LASST UNS UNSER EIGENES SAATGUT AUFBEWAHREN. WIR KÖNNEN UNS SELBST ERNÄHREN. WIR HABEN DIE ALTERNATIVEN, WIR HABEN DIE ANTWORTEN, WIE WIR MIT DEM PROBLEM DER ARMUT, DER NAHRUNGSMITTELKRISE UND DES HUNGERS UMGEHEN KÖNNEN."

Lungisa Huna

3.1 DER ÖKOFEMINISMUS – ZEITREISE DURCH EINE MUTIGE BEWEGUNG

en können zwar wählen und haben die Welt und das Verhalten aller verändert, doch der Kampf um Freiheit geht unter Schwestern auf der ganzen Welt weiter – für eine Frau einen Hektar! Bürgerliche und politische Rechte sind bedeutungslos, wenn es keine sozioökonomischen Rechte in einer kapitalistischen Welt gibt, in der Geld und Männer das Sagen haben, während Frauen in Armut leben. Dabei sind Landfrauen doch die Hüterinnen von Saatgut, Leben und Liebe. Ohne Land kann kein Saatgut gepflanzt werden. Ohne Land kann kein Leben entstehen, und ohne Land in den Händen von Frauen gibt es keine Liebe zur Natur, während die Kontrolle der Konzerne den Planeten rasch zerstört."

Wir sind viele Jahre weiter, und es ist schockierend, dass sich nach Aussagen von Lungisa Huna, Repräsentantin der Rural Women's Assembly (RWA), die die Kampagne initiierte, nicht viel geändert hat. Sie seien damals in die Hauptstadt marschiert, nach Pretoria, hätten ihre „One Woman, One Hectare"-Petition eingereicht. „Dann änderte die Regierung den Namen der Kampagne und nannte sie ‚One Household, One Hectare', was bedeutet, dass das Land immer noch dem Ehemann gehört und nicht der Frau. Die Diskriminierung der Frauen bleibt bestehen." Die RWA will trotzdem weiter mit ihrer Kampagne mobilisieren und auch die Politik weiter direkt angehen. Staatspräsident Cyril Ramaphosa erhielt genauso Post von den Landfrauen wie der Landwirtschaftsminister. Die Aktivistinnen wollten in Erfahrung bringen, wie viele Haushalte inzwischen Land erhalten haben und wie viele Frauen darunter sind, um einen statistischen Überblick zu erhalten und mit den Frauen in Kontakt treten zu können. „Das Präsidialamt verwies uns an das Frauenministerium, das uns nicht einmal geantwortet hat", berichtete Lungisa Huna in einem Interview. „Wir hatten also nie eine Plattform. Es ist ein langer Weg zu Freiheit – um den Titel von Nelson Mandelas Buch auszuleihen."

Schließlich noch einmal kurz nach **Brasilia,** wo im September 2023 der dritte Marsch indigener Frauen stattgefunden hat. 5000 indigene Frauen aus allen 26 Bundesstaaten Brasiliens demonstrierten gegen einen Gesetzesentwurf, der Ureinwohnern das Recht auf Land abspricht, sollten sie zum Zeitpunkt der Verabschiedung der brasilianischen Verfassung im Jahr 1988 nicht an dem Ort, an dem sie heute wohnen, ansässig gewesen sein. Auch hier geht es also um Land, um dessen Bewirtschaftung und um dessen Fürsorge. Der Marsch war Teil einer dreitägigen Veranstaltung mit einem Leitthema, das übersetzt ein

3.1 DER ÖKOFEMINISMUS – ZEITREISE DURCH EINE MUTIGE BEWEGUNG

Wortungetüm bildet: „Frauen in Biomen zur Verteidigung der Biodiversität durch die Wurzeln der Vorfahren". Leicht erklärt: Brasiliens Landesfläche kennt sechs Biome, also große unterschiedliche Lebensräume wie den Amazonasregenwald, den Küstenregenwald, die Savannen oder die Halbwüsten. All diese Ökosysteme sind seit Jahrtausenden von indigenen Volksgruppen bewohnt, geprägt und unversehrt gehalten. Diese Bewohnerinnen und Bewohner kennen keine Trennung zwischen ihrem Lebensraum und ihrem eigenen Körper, sie kennen nur Abhängigkeiten, Vernetzungen, produktive Symbiosen, die zusammen einen funktionierenden Organismus ergeben. Ich erinnere an Lovelocks Gaia-Hypothese. Dieses Verhältnis macht die Frauen automatisch zu Hüterinnen der Natur. Ávelin Kambiwá von der Volksgruppe der Kambiwá im Nordwesten Brasiliens, Expertin für Geschlechterpolitik, erklärt: „Indigene Frauen waren seit der Invasion Brasiliens das erste Ziel von Angriffen. Wie Mutter Erde wurden unsere Körper von den portugiesischen Eroberern als Objekt betrachtet, das es zu unterwerfen, zu jagen und zu verletzen galt. Mit der indigenen Frauenbewegung machen wir den Sprung vom Körperobjekt zum Körperterritorium und stellen uns an die vorderste Front des Kampfes zur Verteidigung unserer Rechte." Der Marsch zeigt, dass in Brasilien längst nicht alles gut ist, nur weil unter dem neuen Präsidenten Lula da Silva die Abholzung des Regenwaldes (angeblich) stark zurückging.

Ich erzähle von den Beispielen aus Brasilien, Südafrika, Costa Rica, Sierra Leone und Indonesien, weil dadurch noch einmal klar wird, dass der Geist der Chipko-Bewegung nicht erloschen ist. Chipko ist nicht nur ein Fall für die Geschichtsbücher. Selbst 50 Jahre danach geht es weiter. Die Bewegung heißt anders, unsere Medien berichten so gut wie gar nichts über diesen kontinuierlichen Widerstand, aber überall auf der Welt finden Frauen weiterhin Mut, sich gegen die Pläne der Plünderer zu erheben. Diesen Ungehorsam brauchen wir! Während ich dieses Buch schrieb, lud das Barbican Museum in London zu einer Fotoausstellung mit dem Titel *Re/Sisters – A lens on Gender and Ecology*. Die Bilder, kuratiert von Alona Pardo, zeigten genau den gerade aufgezeigten Widerstand von Frauen, ein Widerstand mit Haut und Haaren, kreativ, provokant und unter dem Einsatz des eigenen Lebens. Interessant ist, welchen Zusammenhang Pardo sieht zwischen den Frauen und dem Land, das sie verteidigen, Mutter Erde also. „Die Art und Weise, wie Land eingezäunt wird, wie Land vom allgemeinen Zugang abgeschottet wird, welche Aus-

Brasilien. Die Indigenen Brasiliens haben sich zuletzt organisiert, um stärker Einfluss zu nehmen. Ihre neue Partei Bancada do Cocar konnte bereits in einigen Bundesstaaten Mandate gewinnen. „Jetzt machen wir einen Schritt nach vorn", sagte Sônia Guajajara, Koordinatorin der Vereinigung der indigenen Völker Brasiliens 2022 bei der Gründung. „Wir wollen die institutionelle Politik besetzen. Wir sind hier, um zu sagen, dass wir nie wieder ein Brasilien ohne uns akzeptieren werden." Inzwischen ist Guajajara Chefin des unter Präsident Lula neu gegründeten Ministeriums für indigene Völker.

3.1 DER ÖKOFEMINISMUS – ZEITREISE DURCH EINE MUTIGE BEWEGUNG

wirkungen hat das auf die Lebensgrundlagen der lokalen Gemeinschaften und insbesondere auf die Lebensgrundlage von Frauen?", warf sie im *Guardian* auf. „Indem wir Land, Flüsse und den Zugang zu Wasser einzäunen, eindämmen und zerstören, beeinträchtigen wir das Leben von Frauen, denn sie sind diejenigen, die das Wasser holen, sie leisten die harte Arbeit. Wenn wir also das Land befreien, befreien wir auch die Frauen."

Mit welchen Mitteln der Kampf um Mutter Erde auch weitergeführt werden mag: Was Greta Thunberg, Vandana Shiva, Lungisa Huna, Ávelin Kambiwá und die vielen anderen Frontfrauen bleibend hinterlassen haben, ist zum einen das Verständnis der Zusammengehörigkeit der oft getrennt diskutierten Bereiche Umweltschutz und Frauenrechte und zum anderen die Ahnung von der Dringlichkeit, mit der wir die Alleinherrschaft weißer Männer beenden und die Wirtschaft umgestalten müssen.

Diese Dringlichkeit spüren offensichtlich auch immer mehr Gründerinnen. Die Anzahl grüner Start-ups in Deutschland hat laut Green Startup-Monitor 2023 mit 35 Prozent einen neuen Höchststand erreicht, darunter immer mehr weibliche Gründungen. Die Finanzdatensammlung des US-Unternehmens PitchBook über weibliche Gründerinnen, die in den USA Risikokapital erhalten, zeigt ebenso, dass Green-Tech-Start-ups mit mindestens einer weiblichen Gründerin im Aufschwung sind. Allerdings, heißt es in Forbes im Mai 2023, halte ihr Anteil am Risikokapital im Bereich Klima und saubere Technologien mit dem Gesamttrend nicht Schritt. Dennoch gebe es Anlass zum Optimismus, weil inzwischen Frauen in diesem Sektor zu Risikokapitalgebern werden und es daher wahrscheinlicher würde, „dass sie die nächste Generation von Gründerinnen finanzieren, die den Planeten retten".

Das habe ich gern gelesen. Denn genau deshalb bin ich mit Beyond Equal angetreten. Die Unternehmensberatung McKinsey geht davon aus, dass die Investitionen in eine grünere Zukunft bis 2030 weltweit auf neun bis zwölf Billionen Dollar hochschießen werden. Wie hilfreich wäre es für die Erde, wenn bis dahin – im Norden wie im Süden – so viele Frauen wie möglich bereitstünden, damit sie mit ihren grünen Geschäftsideen so viel wie möglich an diesem Boom partizipieren.

„KEIN KAMPF FÜR DIE FRAUEN WURDE GEWONNEN, OHNE DASS DIE FRAUEN SELBST IHREN POLITISCHEN RAUM, IHR LEBEN UND IHRE LIEBE EINFORDERN"

3.2 Mein Entschluss für Beyond Equal

Zurück ins Jahr 2019, dem Jahr meiner aufsteigenden Wut. Ich wusste, ich müsste sie in irgendeiner Form kanalisieren, müsste ihre Energie transformieren in etwas Positives. Aber wie? Wohin? Ich war beruflich in Istanbul, der Stadt, nach der 2011 die sogenannte Istanbul-Konvention benannt wurde. Ihre genaue Bezeichnung lautete zwar „Übereinkommen des Europarats zur Verhütung und Bekämpfung von Gewalt gegen Frauen und häuslicher Gewalt", doch diese völkerrechtlich verbindliche Vereinbarung ging weit über das Thema Frauengewalt hinaus. Sie schrieb beispielsweise auch vor, dass die Gleichstellung der Geschlechter in den Verfassungen und Rechtssystemen der Unterzeichnerstaaten verankert und Hilfs- und Bildungsangebote für Frauen verbessert werden müssen. Bis heute unterzeichneten 45 Staaten, 38 haben auch ratifiziert. Die Türkei war 2012 das erste Land, das nach der Unterzeichnung die Konvention ratifizierte, bekanntlich trat sie aber 2021 als erstes und einziges Land wieder aus. In den neun Jahren dazwischen haben die türkischen Frauen und Kinder keinerlei Vorteile erfahren. Die Versprechungen der Konvention konnten (oder durften) sich nie entfalten.

Deshalb saß ich nun in Istanbul mit einem Bekannten zusammen, und wir überlegten, wie wir dem Thema Frauenrechte in diesem Land Leben einhauchen könnten. Wir dachten darüber nach, welcher Weg der beste, der sinnvollste, der wirksamste sein würde – und blieben beim Sport hängen. Ich hatte 2019 Fenerbahçe Istanbul zum Audi Cup nach Deutschland vermittelt, ein Vier-Nationen-Turnier, an dem in dem Jahr auch noch der FC Bayern, Tottenham Hotspur und Real Madrid teilnahmen. Mein Bekannter erinnerte sich daran und meinte: „Wir können doch etwas Ähnliches mit Frauen auf die Beine stellen, aber in Istanbul!" Mir gefiel die Idee. Drumherum könnten wir prominent besetzte Diskussionspanels zu Frauen- und Kinderrechten veranstalten.

BEYOND EQUAL

MEHR ALS GLEICH!

3.2 MEIN ENTSCHLUSS FÜR BEYOND EQUAL

Einen Slogan für das Event hatten wir auch schon: „Beyond Equal" – mehr als gleich.

Wir begannen mit den Planungen, fassten den Weltfrauentag am 8. März 2020 ins Auge. Als Location hatten wir das Stadion von Beşiktaş Istanbul im Kopf. Der FC Bayern sagte mir ab mit der Begründung, dass das, was wir da vorhätten, nicht interessant genug wäre und zu wenig Leute kommen würden. Atlético Madrid hingegen sagte zu. Lale Orta, die allererste UEFA-Schiedsrichterin der Türkei, sollte Teil des Panels sein. Wir waren voller Energie und voller Vorfreude – und dann kam Corona. Die Stadt Istanbul meldete sich: „Wir wissen nicht, ob ihr das so machen könnt, wie ihr euch das bisher vorgestellt habt. Das Gesundheitsministerium hat uns schon Regularien an die Hand gegeben." Wir mussten unsere Aktivitäten zusammenstreichen, und am Ende des Tages blieb ein einziges Fußballspiel übrig. Die Frauen von Atlético gegen die Frauen von Beşiktaş. Und es kamen 34.000 Zuschauer! Es war ein Erfolg, aber der Kick ging aufgrund der sich ausbreitenden Pandemie auf der internationalen Bühne unter. Was blieb, war das Motto „Beyond Equal", zu schön, um es jetzt einfach wegzuwerfen.

Als dann Corona grassierte, ratterte es in mir. Könnte ich nicht eine Firma gründen, die Beyond Equal heißt? Ohne genau zu wissen, in welche Richtung es gehen würde, sicherte ich mir die gleichnamige Website. Danach überlegte ich, auf welches inhaltliche Fundament ich mein Unternehmen stelle, ob es nur um Frauenthemen gehen soll, nur um Frauenrechte, oder ob ich nicht viel eher die Bereiche Frauen und Klima – oder etwas breiter: Frauen und Umwelt – zusammenbringen könnte. Das schien mir angesichts der Tatsache, dass Frauen und Ökologie eine Einheit bilden, eine ausgezeichnete Idee. Aber mit welchem Geschäftsmodell würde ich diese beiden Bereiche verbinden können? Um mir noch klarer zu werden, belegte ich einen Workshop des britischen Coachs und Unternehmensberaters Simon Sinek. Er hatte sich darauf spezialisiert, Menschen zu ihrer beruflichen Bestimmung zu führen und dabei die Frage des *Why?* in den Mittelpunkt gestellt. Warum tust du das eigentlich? Warum willst du das eigentlich? Willst du es des Geldes wegen oder aus höheren Motiven heraus? Glaubst du wirklich daran? Spürst du Freude dabei, oder ist es eine Last? Mein Weg wurde immer klarer: Ich würde Beyond Equal nur dann mit Leben füllen können, wenn ich in Frauen-Start-ups investiere, die etwas gegen den Klimawandel tun, für die Umwelt und damit auch für die Gesundheit von uns Menschen. 2021 gründete ich also selbst ein Unternehmen, um anderen Frauen dabei zu helfen, dem Planeten zu helfen.

3.3 DIE SUCHE BEGINNT

Bei null musste ich Gott sei Dank nicht anfangen. Ich hatte immer schon nach Firmen Ausschau gehalten, in die ich investieren könnte. Auf diesem Weg hatte ich Sina Afra kennengelernt, einen Serial Entrepreneur, also jemanden, der schon mehrere Unternehmen mitgegründet hat. Er wollte von mir wissen, ob ich Investoren kennen würde, die Interesse an seiner neuesten Firma, einem Tech-Start-up, haben könnten. Ich fand die Firma so cool, dass ich selbst investierte. Ich erfuhr schnell, dass Sina eine Stiftung führt, die sich – übersetzt – „Give Back" nennt und die zu 50 Prozent männliche und zu 50 Prozent weibliche Gründer unterstützt. Auch bei ihm bildeten Nachhaltigkeit und Gleichwertigkeit einen Schwerpunkt. Ja, mit seiner Erfahrung wurde Sina zu meinem Door Opener in die Start-up-Szene, zu einem wichtigen Gesprächspartner, auf den ich immer zugehen konnte und der mich auch immer auf Trab hielt. „Du solltest *dieses* Event besuchen! Und du solltest auch *dahin* gehen!" Oder: „Ich habe einen Pitch, magst du die Gründer mit anschauen?" Natürlich stieg ich voll ein und konnte meine eigene Gründung Beyond Equal bekannt machen. Zwei, drei Investments aus dem Nachhaltigkeitsbereich stemmten wir gemeinsam, darunter One.Five, eine Gründung der Hamburgerin Claire Gusko, um die es im vierten Kapitel noch gehen wird. Sie war mein erstes Investment. Ihre Mission: der planetaren Vermüllung den Kampf anzusagen mit völlig nachhaltigen, also giftfreien und kreislauffähigen Verpackungsmaterialien. Ich sah mich auch an Universitäten um, von Deutschland über die Türkei bis nach Saudi-Arabien, sprach mit Dozenten und Studenten. „Warum im Nahen Osten?", werde ich oft gefragt. Weil ich glaube, dass Frauen dort die Hilfe besonders brauchen und ich mit dem bisschen, was ich an Hilfe geben kann, auch mehr in der Gesellschaft erreichen kann. Bei der Suche nach den passenden Start-ups gab es keine rote Linie. Lediglich zwei Kriterien setzte ich mir. Erstens: Ist das Start-up grün genug? Zweitens: Glaube ich an den Menschen?

Sina Afra

„Mancherorts hört man immer noch, dass eine Frau mit dem Ehrgeiz, Mutter zu sein, nicht in der Lage sein wird, gleichzeitig ein Start-up zu leiten. Es gibt Leute, die glauben, dass diese Frauen dem Unternehmen, das sie gegründet haben, nicht genug Zeit widmen werden und es kopflos ins Nirgendwo steuert. Dieselben Frauen sagen jedoch über sich, dass die Kombination beider Verantwortlichkeiten sie zu besseren Verwalterinnen und Managerinnen gemacht habe.

Abgesehen davon: Sind wir Männer nicht auch Familienväter? Sollten wir nicht auch beide Rollen miteinander verbinden? Vielleicht können wir uns beweisen, dass es möglich ist, beides zu tun – indem wir ebenso Aufgaben im Haushalt übernehmen. Mit anderen Worten: die Verantwortung wirklich mit den Frauen zu teilen. Dann bräuchten wir sie auch nicht mehr zu fragen, wie das so ist mit der Vereinbarkeit von Job und Familie, denn wir kennen die Antwort."

3.3 DIE SUCHE BEGINNT

IST DAS START-UP GRÜN GENUG?

Seit Jahren kursieren immer mehr Produkte, die vorgeben, grün zu sein und die Welt retten zu können, aber beim näheren Hinsehen dieses Versprechen nicht halten können. Während die alten, großen Unternehmen nicht selten bewusstes Greenwashing anwenden, um sich nachhaltig zu geben, finde ich dieses Phänomen bei Start-ups weniger. Sie starten ja von vorn, und es gibt noch nichts, was man grünwaschen müsste. Hier findet die Entzauberung auf einer anderen Ebene statt. Dann nämlich, wenn man merkt, dass die Technologie und ihr Geschäftsmodell nicht im Gesamtumfang von 360 Grad grün gedacht und konzipiert wurden, sondern Teilbereiche etwa der Lieferkette bewusst oder unbewusst ausgelassen wurden. Dahinter steckt dann kein böser Wille, sondern eine gewisse Naivität oder eine unzureichende Durchdringung des Nachhaltigkeitsbegriffs. Am Ende muss jede Gründerin für sich entscheiden: Reicht mir nur ein bisschen Grün? Oder nehme ich die volle Dosis? Wählt sie nur ein bisschen Grün, könnte das für mich ein Grund sein, nicht in die Geschäftsidee zu investieren.

3.3 DIE SUCHE BEGINNT

GLAUBE ICH AN DEN MENSCHEN

Das ist natürlich völlig subjektiv. Ob ich an den Menschen, die Gründerin, glauben kann, hat erst einmal damit zu tun, ob ich sie überhaupt mag. Das zeigt mir innerhalb weniger Sekunden mein erstes Bauchgefühl, meine Intuition, auf die ich mich bisher immer extrem verlassen konnte. Diese Sympathie, die gemeinsame Wellenlänge, das Temperament sind wichtig, da man, wenn man in ein Start-up investiert, immer erst einmal in die Gründerin investiert und erst in zweiter Linie in die Technologie. Wenn die Gründerin mir dann noch ihre Vision vollkommen glaubwürdig, überzeugend und mit einer ansteckenden Begeisterung darlegen kann, merke ich, dass die Geschäftsidee mit der Person übereinstimmt und hier nicht geschauspielert wird.

Den Gründerinnen begegne ich entweder, wenn sie ihre Start-ups auf sogenannten Pitches präsentieren, oder wenn ich sie in ihrem eigenen Umfeld besuche, was ich eigentlich am liebsten habe. Vor der Teilnahme an einem der Pitch Days muss die Gründerin schon zwei, drei Hürden genommen haben. Am Anfang steht eine digitale Präsentation mit einem Businessplan, die sie einige Wochen vorher eingereicht hat. Meist steht sie damit in einer Konkurrenz von einhundert Gründerinnen und Gründern, zehn davon werden ausgesucht. Diese zehn haben dann an einem der Pitch Days etwa eine Stunde Zeit, einem vorwiegend aus Männern bestehenden Investorengremium ihre Idee zu verkaufen. Danach müssen sie sich den Rückfragen stellen. Ich nehme zwar auch an Pitches teil, aber bei mir läuft es meist andersherum. Ich gehe auf die Menschen zu. Ich treffe mich mit ihnen, reise zu ihnen, möchte sehen, wo und wie sie arbeiten, möchte sie innerhalb ihrer jungen Firma und ihres Teams erleben. Auch an den Pitch Days oder auf Innovationskonferenzen wie der DLD gehe ich auf interessante Gründerinnen zu und suche einen ruhigen und respektvollen Dialog, um den Menschen zu spüren, ohne dass er diesen Präsentationsstress im Nacken hat.

Sind es ähnliche Frauentypen, die mir dort begegnen? Durchaus. Viele Frauen gründen ihre Firma aus einer Emotion heraus und einer tiefen, sinnhaften Überzeugung: „Mensch, damit könnte ich doch die Welt retten!" Männer sagen sich eher: „Coole Idee, damit könnte ich viel Geld verdienen!" Diesen Unterschied habe ich schon in den ersten Monaten beobachtet. Und ich habe noch andere Persönlichkeitsstrukturen erkannt. Viele Frauen denken, sie seien nicht gut genug, denken, es geht noch besser! Nein, finde ich, du bist perfekt, so wie du bist, und dafür sammelst du jetzt Geld ein, um es noch perfekter zu machen, um den Diamanten noch einmal zu schleifen. Dieses Grundgefühl, nicht zu genügen, ist absolut gesellschaftlich verankert. Ich erinnere mich, wie wir es damals in den Achtzigern und Neunzigern schon mit der *BRAVO* eingetrichtert bekamen. Wie mache ich mich für einen Jungen interessant? Um solche Fragen ging es doch. Und die Ratschläge waren dann: Du musst dich schminken! Deine Haut muss rein sein! Du musst einem Bild entsprechen! Die unausgesprochene Schlussfolgerung: Wenn du das nicht tust, schaut dich keiner an! Ein Junge konnte sein, wie er war. Da hieß es höchstens: Wasch dich, dann klappt das schon! Oder er lernte, dass, wenn ein Mädchen sagt „Ich friere", sie eigentlich nicht friert, sondern nur seine Jacke will. Das sind Korsette, die wir übergestülpt bekommen haben. Und das spüre ich absurderweise heute immer noch.

Die meisten Gründerinnen wollen perfekt sein. Ein männlicher Gründer findet sich meist von Haus aus toll. Er weiß genau, dass er da jetzt rauszugehen und Geld einzusammeln hat, auch wenn sein Start-up noch nicht so weit ist. Die

3.3 DIE SUCHE BEGINNT

Gründerin zögert und sagt: „Ich bin jetzt gerade erst an diesem Punkt. Ich weiß, Sie würden mir Ihr Geld geben. Ich weiß, wie hart Sie es verdient haben. Deswegen möchte ich erst einmal versuchen, selbst mit eigenen Mitteln bis hierhin zu kommen, damit ich nachher Ihr Geld verdient habe." Mit einem etwas größeren Selbstbewusstsein sagt sie: „Das Produkt, das ich Ihnen gleich präsentiere, ist noch nicht perfekt, aber ich brauche Ihr Geld, um es perfekt zu machen. Das hier ist meine Vision, ich bin gerade erst hier. Für den Weg dorthin benötige ich Ihre finanzielle Hilfe."

Zwischen dem ersten Treffen und dem ersten Investment vergehen locker sechs Monate. Wie geht es dann weiter? Es kommt darauf an. Zum einen, weil eine Gründerin unterschiedlich viele Investoren hat. Mal sind es fünf, mal sind es 150. Zum anderen, weil die Gründerinnen in unterschiedlichen Phasen ihrer Geschäftstätigkeit sind. Beides hat Einfluss darauf, wie der Weg aussieht, den man zusammen geht. Steige ich zu einem späteren Zeitpunkt als eine von vielen Investorinnen und Investoren ein, sind die Firmen der Gründerinnen bereits am Laufen. Ihnen kann ich dann meist nur noch über mein Netzwerk helfen. Bin ich von Anfang an dabei mit nur einer Handvoll anderer, dann kann ich proaktiv begleiten, kann Ratschläge geben, wie man sich und sein Start-up idealerweise präsentiert, was der nächste Schritt sein sollte, wie man auch im Ausland Fuß fassen könnte. Es ist wie eine gemeinsame Reise, auf der man wächst – ich ebenfalls.

Seit ich BeyondEqual gegründet habe, ist die Welt für mich breiter, offener, bunter geworden. Ich lerne immer neue Technologien kennen, neue Produkte, neue Sichtweisen, die teilweise unmittelbare Auswirkungen auf meinen persönlichen Alltag haben. Fördere ich eine Gründerin, die sich um alternative Verpackungsmaterialien kümmert, achte ich auch bei meinen Einkäufen genauer auf die Verpackung und ändere mein Verhalten. Fördere ich eine Gründerin, die sich um fermentierte Kichererbsen kümmert, schaue ich im Supermarkt genauer aufs Kleingedruckte. Dabei wird mir immer klarer, dass ich nicht nur in eine Gründerin investiere, in eine Firma, sondern in eine ganze Lieferkette, die idealerweise ein durchdachter Kreislauf sein muss.

Aber ich lerne nicht nur, ich schöpfe auch Zuversicht. Mich ermutigt sehr, wenn ich sehe, dass jemand mit sehr viel Mühe aus dem Nichts heraus etwas erschaffen hat, was anfängt zu keimen und immer größer wird. Es ist nicht das finanzielle Wachstum, das mich beeindruckt, es ist das Wachstum einer Idee, die sich plötzlich materialisiert und nicht um ihrer selbst willen Realität geworden ist, sondern für einen größeren Zweck.

Meine Gründerinnen wollen alle diesem Planeten und dessen Gesellschaften etwas zurückgeben, etwas, das den Menschen und Mutter Erde guttut. Auf den nun folgenden Seiten möchte ich drei Gründerinnen vorstellen, die mir auf meinem Weg begegnet sind. Jede der Frauen begeistert mich auf ihre Weise, aber eines haben sie doch gemeinsam. Alle drei sind einen Weg gegangen, den noch niemand gegangen ist. Sie bewegen sich außerhalb des gewohnten Kreises akzeptierter Ansichten, Haltungen und Lösungen. Auch ihre bisherigen Komfortzonen haben sie verlassen. Sie haben in der Ferne neue Horizonte entdeckt, haben sich getraut, sind aufgebrochen – und haben dabei sehr viel riskiert. Das kann man nicht genug wertschätzen, denn als Gründerin weißt du zu Beginn deiner Reise sehr genau, dass die Chance des Scheiterns weit größer ist, als im Ziel anzukommen.

„MENSCH, DAMIT KÖNNTE ICH DOCH DIE WELT RETTEN!"

KAPITEL

4

Meine GRÜNDERINNEN

4.1 MEINE GRÜNDERIN

CLAIRE

IN DAS START-UP DER HAMBURGERIN **CLAIRE GUSKO** HABE ICH INVESTIERT, WEIL SIE DIE GLOBALE MÜLLAPOKALYPSE VERHINDERN WILL – MIT ALTERNATIVEN VERPACKUNGSMATERIALIEN

„SOLANGE DIE PROBLEME INTERESSANT SIND UND DIE HERAUS-FORDERUNGEN ATTRAKTIV, MACHE ICH WEITER"

4.1 CLAIRE

Nordwestlich von Hamburg teilt sich eine der größten Baumschulen Europas das Gelände mit einem kleinen Start-up. Das klingt nach ungleichen Verhältnissen, doch dieses Start-up hat nicht weniger vor, als die Vermüllung des Planeten einzubremsen. Genauer gesagt geht es um den Verpackungsmüll aus Plastik. Dessen Mengen wachsen unaufhörlich, seit billiges Erdöl ab den Fünfzigerjahren im großen Stil für die Herstellung von Kunststoffen genutzt wird. Die globale Plastikproduktion liegt derzeit bei 390 Millionen Tonnen pro Jahr, die Menge an Plastikmüll liegt bei 353 Millionen Tonnen. Nur 15 Prozent dieses Mülls werden recycelt. Beziehen wir uns nur auf den Verpackungsmüll, wirft in Deutschland jeder von uns durchschnittlich 225 Kilogramm pro Jahr in die Tonne.

Wir glauben, dieser Müll wird schon gut verwertet werden, nachdem er abgeholt worden ist. Aus den Augen, aus dem Sinn. Doch die traurige Wahrheit haben wir in unserem mitteleuropäischen Alltag immer noch nicht so richtig realisiert: Die Plastikvermüllung ist eines der zentralen Probleme der Menschheit. Kunststoffe und die mit ihnen verknüpften Mikroschadstoffe finden sich inzwischen in jedem Winkel von Mutter Erde. Im Nordpolarmeer genauso wie auf unseren Äckern oder im Blut unserer Kinder. Die EU-Kommission warnte im Herbst 2023, dass die Menge an Kunststoffabfällen ohne zusätzliche Maßnahmen bis 2040 um über 60 Prozent zunehmen würde – im Vergleich zum Jahr 2018. Deshalb gibt es etwa die neue Verpackungsverordnung, die neben der Müllreduktion auch für Klimaneutralität der Verpackungsbranche sorgen soll. Aber reicht das? Die Kommission spricht ja von „zusätzlichen Maßnahmen" …

Eine dieser Maßnahmen entsteht gerade genau hier, an einer Landstraße, nahe des kleinen Örtchens Holm. Wenn man abbiegt und nicht genau hinschaut, fährt man tief in die Baumschule hinein. Dabei ist das Start-up von Claire Gusko und ihrem Mitgründer Martin Weber direkt in der Nähe der Einfahrt platziert. one. five steht auf dem Schild. Ausgesprochen: One Point Five. Es ist eine Anspielung auf das in Paris vereinbarte Klimaziel, die globale Erwärmung bei 1,5 Grad zu halten im Vergleich zum Beginn der Industrialisierung. Das ist mal eine Ansage, sein Start-up damit zu assoziieren. Think big! Als genauso selbstbewusst habe ich Claire kennengelernt, als ich mich dafür entschied, in ihr junges Unternehmen zu investieren. Damals, 2021, war es ihr darum gegangen, Algen als nachhaltige Rohstoffalternative für Verpackungen zu züchten, zu erproben und schließlich zu nutzen. Darum bemüht sich ihr Team zwar immer noch, aber der Ansatz ist viel breiter geworden. Inzwischen haben wir es mit einer Entwicklungsplattform zu tun, die Firmen mit ihren Produkt-

Claire Gusko

Claire wurde 1991 in Bergisch-Gladbach geboren, aufgewachsen ist sie in Paris, Bangkok und Hamburg. Sie studierte Jura, wobei es immer ihr Wunsch war, eine eigene Firma zu gründen. Die Transformation des Müllproblems in Südkorea, der Heimat ihrer Mutter, formte Claires Umweltbewusstsein. Südkorea produziert viel Müll, aber es ist heute, wenn es um Recycling geht, ganz weit vorn. Die Bevölkerung in einer knapp zehn Millionen Menschen großen Metropole wie Seoul sei aufgrund der Enge und der damit einhergehenden Notwendigkeit einer strikten Abfallpolitik viel eher zu Reglementierungen und Mitarbeit bereit als die Einwohner anderer Nationen, sagt Claire. Einmal im Jahr fliegt sie nach Südkorea und bekommt dort nicht selten erklärt, wie sich der Umgang mit dem Abfall mal wieder verändert hat und nachreguliert wurde. Davon inspiriert wurde das Thema ihres Start-ups jedoch nicht. Reiner Zufall, sagt sie.

4.1 CLAIRE

225 KILOGRAMM VERPACKUNGS- MÜLL

WIRFT *JEDER* DEUTSCHE JÄHRLICH WEG

marken in Anspruch nehmen könnten, um ihr unzeitgemäßes Verpackungsportfolio zu transformieren. Algen sind da nur eine Variante. Pilze sind ein anderer Rohstoff. Mikroorganismen schaffen es ebenso, ein Material zu kreieren, das sich – sollte es aus irgendeinem Grund nicht in einen Recyclingkreislauf geraten – in der Landschaft oder im Salzwasser der Ozeane wie von selbst auflöst.

Wie ging es los mit Claire, Martin und ihrem Start-up? Waren sie große Umweltschützer und wollten die Welt retten? Hegten sie schon lange Antipathien gegen den ganzen Müll und sahen nun ihre Stunde gekommen? Nein. Claire und Martin wollten einfach nur ein eigenes Unternehmen gründen mit einem eigenen Team und nach genau den Arbeitsbedingungen, die sie für richtig halten. Worum sich dieses Unternehmen kümmern würde, wussten sie zunächst gar nicht. Beide hatten sie beim Berliner Vertical-Farming-Start-up Infarm gearbeitet, das unter anderem Salate und Kräuter jenseits klassischer Landwirtschaft in Innenräumen züchtet und verkauft. „Wir durften zwar mit aufbauen, aber nicht nach unserer eigenen Blaupause", erklärt mir Claire. „Es wuchs bei uns beiden eine intrinsische Motivation, irgendwann einmal ganz allein nach unserer Vision etwas aufzubauen, um ein Problem lösen zu können, selbstbestimmt, ohne dass uns jemand sagt, dass unser Weg falsch ist. Wir wollten von Grund auf die neuen Werte der Arbeitswelt repräsentieren wie etwa Remote Work, um vollauf zufriedene und wertgeschätzte Mitarbeiterinnen und Mitarbeiter zu beschäftigen. Wir nahmen an, dass wir, wenn wir uns so modern aufbauen, eigentlich jedes Problem würden lösen können."

Als sie beim alten Arbeitgeber gekündigt hatten, setzten sich Claire und Martin zusammen und dachten nach: Welches Problem knöpfen wir uns vor? Sicher waren sie sich, dass sie im sogenannten Impact Space bleiben wollten, also in dem Bereich, der Lösungen für Umwelt- oder soziale Probleme anbietet. „Diese Art von Problemen sind unglaublich groß und die Herausforderungen sehr attraktiv", beschreibt Claire. Dass Verpackungen eines dieser Probleme darstellen, war den beiden immer wieder im vorigen Job auch in den Gesprächen mit den Markenbesitzern und den Supermarktketten klar geworden, die die Kräuter und Salate von Infarm abnahmen. Oft suchten sie nach der idealen Verpackung, fanden sie aber nicht. „Wir haben gemerkt: Die Anforderungen des Marktes und der Kunden werden immer höher, komplizierter und anspruchsvoller, während sich die Verpackungsbranche unglaublich langsam bewegt. Der Raum zwischen den beiden wird immer größer." Faulheit sei es nicht, sagt Claire, es werde bei den Verpackungsherstellern ja jeden Tag sehr viel gearbeitet. Aber vielleicht sei es die fehlende Motivation,

4.1 CLAIRE

sich transformieren zu wollen. „Transformation bedeutet unglaublich viel Geduld, Kapital und Aufwand. Das mit einem großen Unternehmen und Tausenden von Mitarbeitern zu versuchen, ist ein riesiger Akt. Außerdem verbringen die meisten Vorstände in solchen Unternehmen meist nur vier bis sechs Jahre, dann sind sie weg. In so kurzer Zeit kann man nicht viel transformieren. Man hat Umsatzziele, die man erfüllen muss und möchte. Innovation wird dabei nicht priorisiert." Doch jetzt hat die Politik angefangen, die Branche zu regulieren. Und die ist nicht wirklich auf die einsetzenden Veränderungen vorbereitet. Trotz ihrer riesigen Ressourcen und Infrastrukturen können die Verpackungskonzerne nicht schnell genug reagieren. Könnte also nicht one.five als junges, schlankes, agiles Start-up einspringen?

Aber wie kann ein Start-up Antreiber sein, das keine Expertise hat? Claire und ihr Team unternehmen eine Datenanalyse, suchten nach innovativen Verpackungsalternativen oder Projekten, die nach Plastikersatz forschen, schauten, welche Bemühungen Fördermillionen von der EU erhielten. Dabei konnten sie feststellen, dass sehr viele neue Technologien zwar sehr gute Alternativen wären, aber nie kommerzialisiert wurden. Der nächste Fehler im System! Die Verpackungsbranche ist zu langsam, und die Erfindungen der Forschung werden am Ende einfach liegen gelassen. „Der Markt wollte sich nicht bewegen, die Forschung aber auch nicht. Denn die Forschung forscht und der Markt verkauft. Was dazwischenliegt, gehört eigentlich zu keinem", erklärt Claire das Dilemma.

Auf der Suche nach dem idealen Geschäftsmodell sprachen die Gründer zuerst mit den Markeninhabern: Was braucht ihr? Dann sprachen sie mit der Forschung: Was habt ihr? Danach sprachen sie mit der Abfallwirtschaft: Wo liegen die Probleme? Erst dann ging es zu den Verpackungsherstellern. Langsam kristallisierte sich etwas heraus, eine Lösung, die alle glücklich macht. „In Europa wäre die beste Lösung ein Monomaterial aus natürlichen Polymeren, das recycelt werden könnte, und das, falls es nicht in den Recyclingstrom kommen sollte, sich auch in der Umwelt biologisch abbauen kann. Idealerweise hat diese Lösung einen geringeren CO_2-Fußabdruck als die existierenden Verpackungen. Wenn man das hinbekäme, hätte man tatsächlich, Stand heute, die laut Regularien beste Verpackung." In fünf bis sieben Jahren sei das möglich, sagt Claire. Die Technologien seien da. Die Schwierigkeit wäre lediglich, alle Enden zusammenzubringen.

Dabei hilft den Leuten von one.five neuerdings eine selbst aufgebaute Materialdatenbank, also eine Software, die gefüttert wird mit Informationen zur bisherigen Materialforschung aus Studien, Literatur oder auch eigenen Experimenten. Mithilfe künstlicher Intelligenz (KI) wird danach die für den Kundenwunsch jeweils beste Lösung ermittelt. Erdnüsse müssen eben anders verpackt sein als Zahnbürsten. „Das funktioniert dann wie ein Prototypgenerator, der mir sagt: ‚Hey, Claire, wenn du A, B und C zusammennimmst, könntest du die Anforderungen des Kunden erfüllen!' Oder man merkt, dass man nur auf 70 Prozent kommt und für die restlichen 30 noch eine Lösung finden muss. Das erleichtert uns die Arbeit und macht uns unglaublich schnell. Das bedeutet auch, dass wir uns nicht nur auf das subjektive Wissen unserer eigenen Entwickler verlassen müssen und objektiv schauen können, welche Materialien wirklich die besten sind." Die eigenen Entwickler. Das sind Materialwissenschaftler, Chemiker, Biologen, Biochemiker, Verpackungsingenieure. Claire und Martin konnten inzwischen viele von ihnen einstellen, Praktiker, deren Arbeit durch die Plattform erleichtert wird. Angenommen, ein Entwicklungsprozess für eine Verpackung besteht aus zehn Schritten, kann die KI heute drei davon abdecken, in ein paar Jahren werden es vielleicht sieben bis acht sein, die automatisiert ablaufen. Die letzten Schritte, erläutert mir Claire, müsse aber immer ein Mensch in der realen Welt machen. Dafür expandieren – ein paar Hallen vom lichtdurchfluteten Großraumbüro entfernt – die Labore von one.five, darin Maschinen für Beschichtungsverfahren oder Zuchtanlagen für Mikroalgen.

Einnahmen will das Start-up generieren, indem es nach der Entwicklung einer Lösung über ein Lizenzmodell an der Verpackungsproduktion mitverdient. Selbst zu produzieren, daran haben Claire und Martin gar kein Interesse. Das können die bisher so trägen Verpackungshersteller übernehmen, die bereits die Infrastruktur dafür besitzen. Sie produzieren für den Kunden weiter, ein Prozentsatz des Deals geht an one.five. Aber wie viel Geld wird man nun mit diesem für mich sehr schlüssigen Geschäftsmodell machen können? Eine nicht ganz unwesentliche Frage für eine Investorin wie mich. Wie schnell will Claire wie groß sein? Ihre Antwort: erst einmal ein Unicorn werden, also mindestens eine Milliarde wert.

Bei meinen Gründerinnen interessiert mich natürlich auch immer, welche Erfahrungen sie mit dem Patriarchat gemacht haben, welche Steine ihnen möglicherweise in den Weg gelegt wurden. Claire konnte berichten, dass sie als Frau tatsächlich nie große Benachteiligung erfahren hat, auch nicht beim Einsammeln von Investorengeld. Das hat möglicherweise damit zu tun, wie sie selber vermutet, dass sie und Martin immer als gemischtes Doppel an den Start gegangen sind. „Als gemischtes Team strahlt man eine ganz eigene Dynamik aus", sagt sie. „Wäre Martin eine Frau, sähe es wohl anders aus. Wäre ich ein Mann, gäbe es wahrscheinlich auch eine andere Dynamik. Bisher war

4.1 CLAIRE

„MENTAL GYMNASTICS,
DARIN MÜSSEN WIR FRAUEN UNS ÜBEN, UM VIELLEICHT EIN BISSCHEN
AKTIVER
UND
FLEXIBLER
ZU SEIN ALS MÄNNER."

es immer zu unseren Gunsten, dass ich als weibliche Mitgründerin dabei war. Immer mehr Investoren vor allem in der Welt des Risikokapitals schauen positiv auf gemischte Teams, sie wollen innovativ sein, sie wollen modern sein, und da hilft es, wenn eine Frau dabei ist. Ich kann also mit meinen Erfahrungen nicht sagen, dass es uns benachteiligt hätte."

Claire konnte jedoch in vielen Sitzungen – von Investorenrunden bis hin zu Workshops – bemerken, dass es einem Mann durchaus leichter fällt, mit männlichen Geldgebern zu sprechen. „Sitzen vier, fünf Männer im Raum, haben sie Martin gegenüber eine andere Wahrnehmung. Diese Männergruppe hat natürlich auch Einfluss auf meine Wahrnehmung, weil ich sehe, dass ich die einzige Frau bin, die einzige weibliche Stimme. Das hat zur Folge, dass ich mich vielleicht ein bisschen verstelle, was nicht selten vorkommt. Ich muss mich als Frau aktiv darauf einstellen, mich anders zu benehmen. Eventuell muss ich ein wenig proaktiver sein, damit ich eher zu Wort komme, oder ich muss etwas leiser sein, weil ich sonst zu offensiv rüberkomme. Das nenne ich Mental Gymnastics. Darin müssen wir Frauen uns üben, um vielleicht ein bisschen aktiver und flexibler zu sein als Männer."

Als gemischtes Doppel haben es Claire und Martin in kurzer Zeit weit gebracht. Über zehn Millionen Euro konnten sie in einer ersten Investorenrunde bereits einsammeln, eine zweite konnte folgen, bei der ich auch wieder mit dabei war. Das Kapital brauchen sie auch, denn sie wollen und müssen schnell wachsen. Auch weil sie sich den Traum erfüllen wollen, nicht nur Verpackungen besser zu machen, sondern auch eine Materialentwicklungsplattform für andere Produkte zu sein wie etwa Textilien. Der Fast-Fashion-Trend, der ebenso auf billigem Erdöl basiert, aus dem die billigen Garne gemacht werden, ist ein weiteres riesiges Problem, das bislang niemand wirklich anpackt. Ich war schockiert, als ich neulich Bilder von den Kleiderbergen in der chilenischen Atacama-Wüste sah und in den Steppen Ghanas. Das ist nicht zu akzeptieren. Wenn Politik darauf nicht reagiert und die Großkonzerne erst recht nicht, dann muss ich doch Gründerinnen unterstützen, die sich dieses Problems annehmen.

Claires großer Traum vom universellen Lösungsfinder für globale Müllprobleme geht weit über die berechneten zehn Jahre hinaus. Für sie, erzählt sie mir, ist diese Arbeit etwas für die nächsten 20 bis 30 Jahre, eine Art Lebenswerk, in die sie so viele Lösungen wie möglich packen möchte. „Investoren hören normalerweise nach zehn Jahren auf, ich will hier nicht in Rente gehen. Solange die Probleme interessant sind und die Herausforderungen attraktiv, mache ich weiter. Das erfüllt mich sehr. Das Erfülltsein davon, etwas Sinnvolles zu tun, ist der einzige Grund, warum Gründer an den Start gehen und das Risiko auf sich nehmen. Dieses Erfülltsein hilft und motiviert, gerade wenn man sich auf der anderen Seite Existenzängsten gegenübersieht, die eine Neugründung immer mit sich bringt. Es gibt genug Leute, die sagen, Probleme seien zu gewaltig und deshalb nicht lösbar. Ich bin dumm genug, jeden Morgen aufzustehen und zu sagen: Irgendwie werden wir es schon hinbekommen." Genau das ist es, was ich an Claire liebe. Diese Mischung aus einem realistischen Selbstbewusstsein, das gestützt ist von Zahlen, Daten und Fakten, und dem Urvertrauen, die letzten offenen Prozent auf bisher unbekannten Wegen erreichen zu können. Diese Überzeugung hatte mich überzeugt.

4.2 MEINE GRÜNDERIN

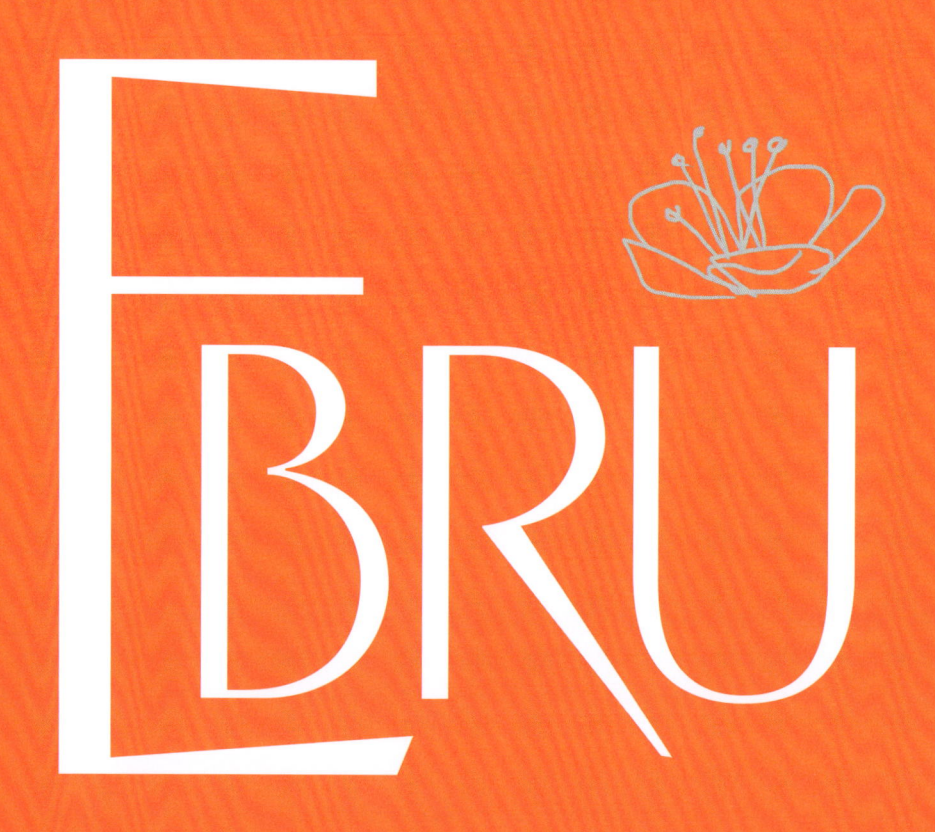

EBRU

Die Gründerin **Ebru Baybara Demir** unterstütze ich, weil sie mit Gastronomie Lösungen für ökologische und soziale Probleme anbietet

„DAS BESTE GERICHT DER WELT BEDEUTET NICHTS, WENN ES KEINEN HÖHEREN NUTZEN HAT"

4.2 EBRU

Die südostanatolische Stadt Mardin liegt etwa eine halbe Stunde von der syrischen Grenze entfernt, drei Stunden sind es bis zur irakischen Grenze. Hinter den erdfarbenen Gebäuden der Altstadt steigt das Tur-Abdin-Gebirge in die Höhe, aus dem Euphrat und Tigris entspringen. Vor der Altstadt öffnet sich das legendäre Zweistromland, Mesopotamien. Aus ihrem Bürofenster blickt Ebru genau dorthin, in die Geburtsregion der Landwirtschaft, und in die Kinderstube dessen, was wir heute Gastronomie nennen.

Doch die Felder geben nicht mehr die erhofften Erträge. Infolge des Klimawandels bleiben die Niederschläge aus. Dürren zerstören regelmäßig ganze Ernten. Die Mengen von Weizen, Linsen oder Kichererbsen sind kaum mehr zu kalkulieren. Der weitere Anbau einer Vielzahl von Feldfrüchten, die hier seit etwa 10.000 Jahren kultiviert wurden, steht auf dem Spiel. Auch der Grundwasserspiegel ist stark abgesunken. Gleichzeitig blicken viele Bauern auf Böden, deren Lebendigkeit von einem übertriebenen Einsatz chemischer Mittel – Kunstdünger und Pestizide – drastisch reduziert wurde. Die Abhängigkeit vom Saatgut weniger kommerzieller Sorten und der Verlust von Diversität auf dem Acker verringern die Widerstandsfähigkeit und erhöhen den Druck auf die Menschen. Viele Bauern haben daher die Flucht angetreten.

Großen Zustrom erhielt das etwa 130.000 Einwohner zählende Mardin hingegen aufgrund des Syrienkriegs und des Erdbebens Anfang 2022. Etwa 70 Prozent der aus Syrien Geflüchteten sind Frauen und Kinder. 100.000 von ihnen leben in der Provinz Mardin. Das Erdbeben brachte 30.000 Menschen in die Stadt, auch darunter viele Syrerinnen.

Auf den ersten Blick scheint Mardin also kein Ort zu sein, auf den man die Zukunft baut. Auf den zweiten Blick ist Mardin doch genau das. Hauptverantwortlich dafür ist Ebru Baybara Demir, Tochter der Stadt, Chefköchin und Gründerin des Restaurants Cercis Murat Konağı. 1999 zog sie zurück nach Mardin, nachdem sie ihr Bachelor-Studium des Tourismusmanagements an der Istanbuler Marmara-Universität abgeschlossen hatte. Ihr erstes Berufsziel folgte dem Wunsch, die abgelegene, aber historisch und landschaftlich so besondere Stadt mit ihrer 4800 Jahre alten Geschichte in die üblichen touristischen Routen zu integrieren. Attraktionen wie sakrale Bauten verschiedener Religionen gab es zuhauf, doch wo sollten die Gäste absteigen und satt werden? Es gab damals gerade mal ein Hotel und ein kleines Restaurant.

Die Bedingungen für Reformen empfand sie als sehr schwierig, zumal es sich um einen Ort handelte, an dem das Bildungsniveau der Bevölkerung eher niedrig war. „Wenn man etwas für die Menschen tun

Ebru Baybara Demir

4.2 EBRU

NAHRUNG UND ERNÄHRUNG MÜSSEN NACHHALTIGER WERDEN

will, muss man es ihnen leider erst einmal zeigen", erkannte Ebru. Sie baute ein Netzwerk aus Hausfrauen auf, allesamt passionierte Köchinnen, und ließ sie für die Touristen kochen. Eine deutsche Reisegruppe reagierte mit so großer Begeisterung darauf, dass Ebru mithilfe der Mardiner Bürgerinnen ein professionelles Catering organisierte und ihr erstes kleines Restaurant eröffnete. „Meine Erfahrungen in diesem Leben haben mich gelehrt, dass ich niemals aufgeben sollte, woran ich glaube." Also weiter! Nicht zufriedengeben!

Zusammen mit 21 Frauen sanierte Ebru das Cercis Murat Konağı, ein einstiges assyrisches Herrenhaus, und richtete darin ein Spitzenrestaurant ein, das heute so viel mehr ist als ein Restaurant. Es ist ein Problemlösungsraum für die großen Herausforderungen unserer Zeit – und damit eine Blaupause für die ganze Welt. „Ich bin nun mal Köchin", erzählte mir Ebru einmal, „und ich habe erkannt, dass, wenn ich auch noch in zehn Jahren als Köchin arbeiten möchte, Nahrung und Ernährung nachhaltiger werden müssen." Konkret heißt das in einem Satz: Indem sie das alte Wissen und die Erfahrung der lokalen Bäuerinnen und Köchinnen reaktiviert, möchte Ebru zur Diversität und Regionalität der Feldfrüchte sowie zu traditionellen Anbaumethoden zurückkehren, dadurch den geschundenen Boden wieder aufbauen, die Klimaresilienz und Nahrungssicherheit stärken und gleichzeitig die Menschen ermächtigen und ihnen berufliche Perspektiven bieten. Nicht zuletzt zahlt sich das alles auf den Geschmack des Essens aus, das nach traditionellen Rezepten im Cercis Murat Konağı auf den Tisch kommt. „Mir wurde klar, wie wertvoll und wahrhaftig die Bedeutung des Sprichworts ‚Man erntet, was man sät' ist", sagt Ebru. „Wir ernten, was wir in diesem Land säen! Deshalb betrachte ich meine Familie, meine Kinder, die Gesellschaft, künftige Generationen und das Land jetzt unter genau diesem Motto: ‚Die Arbeit eines Kochs sollte im Boden beginnen, nicht auf dem Teller.'"

Würde man mich bitten, eine einzige Frau als Sinnbild des aktuellen Ökofeminismus zu nennen, es würde wohl Ebru Baybara Demir sein. Sie vereint alles, was diese Bewegung ausmacht: den Einsatz für die Umwelt mit dem Einsatz für Frauen und das unermüdlich mit einem über viele Jahre reichenden Aktivismus, der immer neue Blüten treibt.

Nehmen wir nur einmal das Projekt „Yaşayan Toprak, Yerel Tohum" („Lebendiger Boden, lokales Saatgut"). Es entstand aus der Idee heraus, Auswege aus den ökologischen und sozialen Konflikten in der Agrargeschichte der Region zu suchen und in dem Wissen, das von den Bäuerinnen und Bauern bewahrt wird, die hier seit langer Zeit Subsistenzwirtschaft betreiben – also eine Eigenversorgung, die unabhängig von den großen Kräften der globalen Märkte funktioniert. Das Besondere: Dieses Projekt sollte nicht nur türkischen Frauen eine Existenzgrundlage bieten, sondern auch den geflüchteten syrischen Frauen, die – nur durch eine künstliche Grenze getrennt – quasi aus der gleichen Region stammen und auf einen sehr ähnlichen Erfahrungsschatz zurückgreifen können, was Arten, Anbau, Ernte und Rezepturen betrifft.

Ebru stellte ein kleines Team zusammen, zu dem auch Expertinnen für ökologischen Landbau gehörten, Agraringenieurinnen, um genau zu sein. Die waren schwer zu finden, denn Ingenieurinnen

4.2 EBRU

werden östlich von Ankara kaum akzeptiert, berichtete mir Ebru. Dort sei man der Meinung gewesen, „dass Frauen nicht wissen, wie man arbeitet". Trotzdem stieß Ebru auf vier Ingenieurinnen, eine von ihnen arbeitete als Kassiererin in einem Hotel. Alle vier nahmen ihr Jobangebot an. Sie machten sich auf zu rund 60 Dörfern der Region Mardin, Dörfer, die nicht weit genug von der Provinzhauptstadt entfernt liegen konnten. Denn: je weiter, desto ursprünglicher die Methoden, desto unbehelligter von den Geschäftspraktiken kapitalistisch funktionierender Konzerne. Konkretes Ziel der Mission: die alten einheimischen Samen Mesopotamiens wiederzuentdecken. Auf dem Land wurde das Team mit offenen Armen empfangen, es wurde eingeladen in die Bauernhäuser und auf die kleinen Äcker, wo man ihm davon berichtete, was man von den Vorfahren gelernt hatte, wie etwa das örtliche Saatgut ohne Bewässerung und mit Tierdung anstelle von Kunstdünger immer noch erfolgreich angebaut wird.

„Früher pflanzten die Menschen etwa 6000 verschiedene Pflanzen an, doch heute entfallen mehr als 60 Prozent der Getreideproduktion auf nur neun Pflanzen", sagt Ekrem Yazıcı, der als stellvertretender Leiter der Abteilung für Forst- und Holzwirtschaft der Ernährungs- und Landwirtschaftsorganisation der Vereinten Nationen (FAO) Ebrus Initiative unterstützt. „Die Landwirtschaft ist einer der Sektoren, die am empfindlichsten auf den Klimawandel reagieren. Die Auswirkungen sind sowohl bei der Qualität als auch bei der Quantität der Erträge zu sehen. Die Diversifizierung der Kulturen kann jedoch dazu beitragen, die Widerstandsfähigkeit zu erhöhen."

Als das Team von seiner Sammeltour zurückkehrte, hatte es 1,8 Tonnen Korn von insgesamt fünf einheimischen Weizensorten im Gepäck. Einer ersten Gruppe von 70 Kleinbäuerinnen – die eine Hälfte türkisch, die andere Hälfte syrisch – sollte nun beigebracht werden, wie die Samen mit nachhaltigen Techniken anzubauen sind. Dabei passierte etwas Wundersames. „Als wir begannen, die syrischen Frauen zu schulen, stellten wir fest, dass wir eigentlich mehr von ihnen lernen konnten", erinnert sich Ebru. „Die syrische Landwirtschaft ist nicht so weit entwickelt wie die türkische, daher kennen sie noch die alten Methoden, die heute so wichtig sind." Beispielsweise war da dieser Acker, der nichts mehr hergab, von dem aber eine 66-jährige Syrerin behauptete, dass der Boden noch zu retten sei. Man müsse das Feld nur eine Saison lang brach liegen lassen, sagte sie, dann darauf Kichererbsen anpflanzen, die dem kargen Boden wieder Stickstoff zuführten, um danach Weizen anbauen zu können.

Nachdem der Widerstand konventionell arbeitender lokaler Bauern gebrochen war und diese einsahen, was die Frauen da Sinnvolles hinbekommen hatten,

„DIE ARBEIT EINES KOCHS SOLLTE IM BODEN BEGINNEN, NICHT AUF DEM TELLER."

konnte der Anbau alter Sorten nach alten Methoden auf deren Land ausgedehnt werden. Nach zwei Jahren sind 350 Frauen in das Projekt involviert. Inzwischen pflanzen und ernten sie unter anderem die schon in der Bibel erwähnte Weizensorte Sorghum auf 160 Hektar, die 16 Landwirten gehören. Sie produzieren auch Honig, züchten Pilze. Geht es nach Ebru, macht dieses Modell Schule, und die gesamte Türkei, der Nahe Osten, die ganze Welt, nehmen sich ein Beispiel daran. Die Zusammenarbeit zwischen Einheimischen und Geflüchteten findet übrigens unter dem Dach einer von Ebru gegründeten landwirtschaftliche Entwicklungsgenossenschaft statt, die auch von der UN mitfinanziert wurde.

Im Sinne der internationalen „From Soil to Table"-Bewegung, die die Bodengesundheit mit der Gesundheit unserer Nahrung zusammendenkt, landen die hochdiversen Ernten regelmäßig auf den Tischen der von Ebru betreuten Restaurants. Das ist nicht nur das Cercis Murat Konağı, sondern auch das Zamarot1890, das erste abfallfreie Restaurant der Türkei. In Ebrus Gastronomie arbeiten inzwischen viele kochbegeisterte Frauen, die

4.2 EBRU

vor wenigen Jahren nur mit Genehmigung des Ehemanns das Haus verlassen durften. „Jetzt haben sie ihre Freiheit gewonnen." Sie selbst, erzählte sie mir, habe das Talent fürs Kochen wie auch sämtliches Wissen über Rezepte, Zutaten und Zubereitung von ihrer Mutter geerbt. Sie begleitete sie auf die Märkte, schaute ihr in der Küche über die Schulter, sah, wie kreativ ihre Mutter kochte, und natürlich genoss sie diesen besonderen Geschmack, der dabei herauskam.

Ebrus ökofeministisches Engagement geht über die Restaurants und die Felder hinaus. Ebenfalls von syrischen Frauen aus Aleppo inspiriert, hat sie eine Produktionsstätte von Olivenseifen etabliert, und sie betreibt einen Shop in Mardin wie auch im Internet, wo sie die regionalen Produkte anbietet. Ach ja, und sie kümmert sich um Lebensmittelabfälle, die auf lokalen Basaren anfallen und biologisch abbaubar sind, um sie zu kompostieren und mit dem daraus entstehenden Humus den Boden aufzuwerten. Muss man noch mehr Gründe finden, um sich für ein Investment in diese Frau zu entscheiden, deren Energien und Ideen schon eine ganze Region verändert haben?

Was Ebru leistet, hat sich auch längst im Ausland herumgesprochen. 2023 durfte sie sich gleich über zwei renommierte Auszeichnungen freuen. Als erste Türkin nahm sie den Basque Culinary World Prize, von manchen als Nobelpreis der Gastronomie bezeichnet, mit nach Hause. Das Preisgeld von 100.000 Euro steckt sie 2024 in ein Café in Mardin, das von syrischen Köchen zusammen mit Einheimischen betrieben werden soll. Und auf der DLD-Konferenz in München wurde sie mit dem Aenne Burda Creative Leadership Award bedacht. „Diese Auszeichnung ist nicht nur für mich, sondern für das gesamte türkische Volk sehr wichtig", sagte Ebru in ihrer Dankesrede. „Ich bin eine soziale Gastronomin, eine Küchenchefin, die mit benachteiligten Gruppen kooperiert. Gemeinsam mit vielen Männern und Frauen arbeiten wir für die Zukunft, unseren Boden, unsere Umwelt, unser Wasser und unsere Lebensmittel."

Das ist Ökofeminismus, wie auch ich ihn sehe. Wir müssen zusammenarbeiten und alle Spaltungen überwinden. Aus ihren Aussagen kann man auch herauslesen, was Ebru vielen Starköchen voraus hat. Sie kocht nicht mit ihrem Ego. Sie schert sich nicht um Sterne oder Kochbuchbestseller. „Der Trend geht derzeit dahin, das beste Gericht der Welt zuzubereiten, aber wenn man es nicht in einen sozialen Nutzen verwandelt, bedeutet es nichts", bestätigt sie. „Die Nahrungsressourcen der Welt nehmen ab, die Menschen befinden sich in einem Zustand der Migration, es herrscht eine ständige Verwirrung über unsere Nahrungsressourcen. Daher ist jetzt die Stunde der Köche. Sie sollten die Ärmel hochkrempeln und die Führung übernehmen."

ALSO WEITER! NiCHT ZUFRIEDENGEBEN!

Ebru Baybara Demir wurde 1976 im westtürkischen Edirne als dritte Tochter einer Familie aus Mardin geboren. Kein Sohn unter den Kindern? Das bedeutete für die Eltern großen Druck. Mädchen wurden damals gesellschaftlich benachteiligt, hatten es schwerer als Jungs. Die Familie zog deshalb nach Istanbul, „weil mein Vater seine drei Töchter als Männer erziehen wollte". Ebru lernte, wie sie sagt, zu kämpfen, egal unter welchen Bedingungen. Sie wurde zu der starken Persönlichkeit, die sich der Vater erhofft hatte. Nach Studium und Heirat zog es Ebru zurück nach Mardin und sie fing dort 2000 an, den Tourismus umzukrempeln und ihre Erfolgsstory zu schreiben. Dass sie dabei sehr vieles richtig gemacht hat, beweisen die unzähligen Preise, die sie seit 2001 ununterbrochen erhält. 2011 wurde sie gekürt zu einer der „Türkiye'nin Yöresinde Fark Yaratan Kadın Girişimciler Ödülü" – „Unternehmerinnen, die in der Türkei einen Unterschied machen". 2017 wurde ihr ein Preis mit dem klangvollen Namen „Türkiye'nin Geleceğe İz Bırakan Kadını" („Türkische Frau, die der Zukunft ihren Stempel aufdrückt") verliehen. 2019 gewann sie den türkischen Wettbewerb „Frauen des Bodens" – und und und. Nicht unerwähnt lassen möchte ich Ebrus andauerndes Engagement für die Menschen in der Erdbebenregion Hatay. Dort baute sie die Suppenküche Gönül Mutfağı auf, mit der sie die Betroffenen weiterhin mit Nahrungsmitteln versorgt, darunter Tausende Kindergarten- und Grundschulkinder, insgesamt 38.000 Menschen. Zweimal täglich erhalten sie eine Mahlzeit. Mehr als 2000 Menschen haben bisher in der Suppenküche freiwillige Arbeit geleistet.

4.3 Meine Gründerin

Dilara

In die Marke *The Good Wild* von **Dilara Koçak** habe ich investiert, weil sie eine pflanzliche Alternative zum ungesunden und klimafeindlichen Fleischkonsum anbietet

„DIE WELT HAT BEREITS SEHR GELITTEN. WIR BRAUCHEN DIE HEILENDE ENERGIE DER FRAUEN"

4.3 DILARA

Dilara Koçak stammt aus Çukurova nahe der nordöstlichen Mittelmeerküste. Sie war die erste ihrer Beamtenfamilie, die eine Universität besuchte. 1990 schloss Dilara ihr Studium an der Hacettepe Universität in Ankara im Gebiet „Ernährung und Diätetik" ab. Als Fachärztin arbeitete sie in verschiedenen Krankenhäusern in den USA und gründete mit den dort gewonnenen Erfahrungen 2003 in Istanbul die Mezura-Klinik für Ernährungsberatung. Es hätte nicht besser laufen können, doch Dilara stieg aus, auf dem Zenit ihrer Karriere. Denn drei miteinander zusammenhängende Menschheitsprobleme bescherten ihr zunehmend Kopfzerbrechen: Hunger, Nahrungsknappheit, Gesundheit. Wie würde zur Mitte des Jahrhunderts eine Weltbevölkerung ernährt werden können, die bei neun Milliarden Menschen steht, wenn 83 Prozent der landwirtschaftlichen Nutzfläche für die Produktion tierischen Eiweißes verwendet wird, das gerade mal zu 18 Prozent unseren täglichen Energiebedarf deckt? In welchem gesundheitlichen Zustand würde sich diese Bevölkerung befinden? Denn Wissenschaftler prognostizieren aufgrund des hohen Fleischkonsums bis 2030 einen Anstieg der Darmkrebsfälle um 90 Prozent in der Altersgruppe der 20- bis 39-Jährigen. Und führt uns nicht der beklagenswerte Zustand der Erde immer klarer vor Augen, dass die Massentierhaltung einer der großen Fehler im System ist? Klimaerwärmung, Abholzung, Artensterben, Bodenzerstörung, Wasserverschmutzung – an allen Phänomenen trägt sie große Schuld. Dilara verstand, dass eine Alternative zum Fleisch hermusste. Eine, die gesund ist, die mehr Proteine liefert, die für unsere Böden und fürs Klima sogar positive Effekte hat. Gibt's nicht? Gibt's! Die Alternative sind Linsen, Hülsenfrüchte! Zusammen mit ihrem Geschäftspartner Hüseyin Şirin gründete Dilara ein Start-up, das unter der Marke *The Good Wild* linsenbasierte Lebensmittel auf den Markt bringt. Ich traf Dilara zum Gespräch in Istanbul.

Dilara, inwieweit steht die Motivation, aus der heraus du deinen ersten Job angetreten hast, in einer Beziehung zu deiner jetzigen Gründung?

Als ich in den Beruf eingestiegen bin, war es mein Ziel, allen Menschen zu ermöglichen, sich ohne Einschränkungen gesund und richtig zu ernähren und sie auf diesem Weg zu unterstützen. Doch dann begann sich die Welt zu verändern. Die Definitionen von Gesundheit begannen sich zu ändern. Mir wurde klar, dass es schwierig sein würde, den Menschen eine gesunde Ernährung zu empfehlen, solange es dem Planeten nicht gut geht. Also setzte ich meinen Weg fort unter der Annahme, dass das, was gut für uns ist, auch gut für den Planeten sein sollte. *The Good Wild* ist aus diesem Gedanken heraus entstanden.

Dilara Koçak

4.3 DILARA

„DER BODEN IST KRANK, DAS WASSER IST KRANK, DIE LUFT IST KRANK. WIR KÖNNEN NICHT GESUND SEIN, WENN SIE ES NICHT SIND!"

Start-ups wollen immer mit einer Innovation ein Problem lösen. Beschreibe einmal genauer die transformative Kraft von *The Good Wild*.
Als Ernährungsberaterin mit 30 Jahren Erfahrung habe ich immer großen Wert auf eine 360-Grad-Perspektive gelegt. Was heißt das? Ich habe jahrelang mit der FAO, der Ernährungs- und Agrarorganisation der Vereinten Nationen, an der Bekämpfung des Hungers gearbeitet und oft erklärt: „Der Boden ist krank, das Wasser ist krank, die Luft ist krank. Wir können nicht gesund sein, wenn unsere Umwelt es nicht ist!" Deshalb habe ich mir überlegt, welche Innovation ich in den Bereich der Ernährung einbringen könnte, die den begrenzten Ressourcen der Welt zugutekommt. Hülsenfrüchte tragen dazu bei, Stickstoff im Boden zu binden, was sowohl der Luft als auch der Erde zugutekommt, und sie verbrauchen viel weniger Wasser als die Tierhaltung, was dazu beiträgt, unsere Wasservorräte zu schonen. Leider bietet pflanzliches Eiweiß aus Hülsenfrüchten auch keine vollständige Lösung, da Lektine und Phytinsäure die Nährstoffaufnahme beeinträchtigen. Glücklicherweise kreuzte sich mein Weg mit dem meines Geschäftspartners, einem Lebensmittelingenieur. Etwa ein Jahr lang arbeiteten wir an unserem Produkt und dessen Marktreife: Gekeimte Hülsenfrüchte waren die perfekte Lösung, denn durch das Keimen wird ihr Nährwert verbessert, und Phytinsäure und Lektine werden entfernt, was die Verdauung und Nährstoffaufnahme erleichtert. Doch aus der Notwendigkeit der Keimung folgte eine andere Herausforderung: die der Haltbarkeit. Denn gekeimte Hülsenfrüchte fangen nach drei bis vier Tagen an zu schimmeln. Das lösten wir mit der Fermentation. Sie verlängert die Haltbarkeit auf zwei Jahre. Nach dem Prinzip haben wir viele verschiedene Sorten hergestellt. Einige waren die Ersten ihrer Art auf der Welt, andere waren bekannte Produkte, die mit gekeimten Hülsenfrüchten angereichert wurden, wie Müslis und Snacks. Unser Ziel ist es, auf jedermanns Teller zu landen. Diese Marke schließt alle ein. Wir wollen Gutes für Körper, Geist und Erde tun.

Was hat euch so sicher gemacht, dass es sich wirklich um ein tragfähiges Geschäftsmodell handelt und nicht um eine nette Idee, deren Kraft nach ein paar Monaten wieder verpufft?
Das Geschmackserlebnis ist bei Produkten auf pflanzlicher Basis und bei der Ernährung sehr wichtig. Unsere Forschung hat eine Marktlücke aufgezeigt – was den Mangel an unverarbeiteten pflanzlichen Proteinen betrifft als auch den Geschmack. Unsere Geschmackstests wurden in verschiedenen Gruppen durchgeführt und ergaben durchweg sehr positive Ergebnisse. Es war wichtig, dass das Produkt erschwinglich und ansprechend ist, nicht nur in Bezug auf den Inhalt, sondern auch auf die Verpackung, um zum Kauf zu motivieren. Wir haben erhebliche Anstrengungen in die-

4.3 DILARA

se Aspekte investiert, was sich schnell ausgezahlt hat. In den ersten Monaten nach der Markteinführung gewannen wir in Mailand den internationalen Designpreis AWDA und erzielten mit minimalem Marketing einen zufriedenstellenden Umsatz.

Ernährungsfragen sind auch extrem private Haltungsfragen. In Deutschland wird der Fleischkonsum immer wieder auch politisch genutzt, um zu spalten. Wie meistert ihr dieses Hindernis?
Die Menschen sind sich der Auswirkungen der Ernährung auf den Klimawandel und die Erschöpfung der Ressourcen noch nicht voll bewusst. Es stimmt, es war auch für uns eine Herausforderung, diese Botschaft zu vermitteln und den Menschen ein Produkt vorzustellen, von dem sie noch nie gehört hatten. Ich glaube, dass wir diese Hindernisse durch unseren Kommunikationsplan und die sozialen Medien überwinden konnten. Ich hatte dort bereits eine hohe Reichweite; meine Beiträge erreichen jede Woche Millionen von Menschen. Ich sehe mich als Meinungsführerin. Ich möchte die Welt informieren. Das ist nicht immer leicht, aber die schnelle Akzeptanz dieses Produkts durch die jüngere Generation ist vielversprechend.

Bist du als Frau auf dem Weg von der Idee zur Unternehmensgründung insbesondere bei den eher männlichen Entscheidungsträgern auf Widerstände gestoßen?

Der Zugang zu Finanzmitteln war ein bisschen schwierig. Ich fühlte mich bei den Recherchen im männerdominierten Bankensektor etwas isoliert. Als ich jedoch auf Frauen traf, die mir als Mentorinnen zur Seite standen, fand ich schnell Lösungen. Es war ja auch eine Frau, die mich zu dir führte, worüber ich sehr froh bin.

Wir haben uns in München bei einem Abendessen der DLD-Konferenz kennengelernt.
Ja, ich stand ganz am Anfang meines Vorhabens. Du warst eine der Ersten, die meine Begeisterung und den Bedarf in dieser Branche verstanden hat. Deine Erfahrung, dein Weitblick und dein Netzwerk waren inspirierend. Du triffst schnelle Entscheidungen und setzt sie zügig in die Tat um.

Ich danke dir, Dilara. Ist es deiner Meinung nach immer noch schwieriger, als Frau ein Unternehmen zu gründen als als Mann?
Ich denke, dass es für Frauen mit gleichem Zugang zu den Möglichkeiten nicht schwierig ist, aber es gibt immer noch die berühmten gläsernen Wände für Frauen. Sobald man eine bestimmte Ebene erreicht hat, können die Barrieren, die man als Frau vor sich hat, größer werden. Wir leben nun mal in einer von Männern dominierten Wirtschaftsordnung. Außerdem ist die gesellschaftliche Rolle, die den Frauen in der Türkei auferlegt wird, eines der größten Hinder-

MANCHMAL SIND DIE LÖSUNGEN FÜR KOMPLEXE PROBLEME

EINFACH.

4.3 DILARA

nisse für mich. In meinem Alter, ich bin Jahrgang 1972, erwartete man von mir nicht, dass ich mich auf dem Höhepunkt meiner Karriere quasi zur Ruhe setze. Aber ich tat es und ging ins Risiko, um für die Zukunft der Welt einzutreten. Ich ließ mich auf dieses Unternehmen ein, das anfangs nicht gut unterstützt wurde. Ich frage mich wirklich, ob die Situation die Gleiche gewesen wäre, wäre ich ein Mann in seinen Fünfzigern gewesen. Ich fühlte mich aufgrund meines Geschlechts und auch aufgrund meines Alters diskriminiert. Ich glaube aber, dass es kein Alter für Mut gibt.

Was können aus deiner Sicht Frauen im Besonderen zu der großen menschlichen Aufgabe beitragen, Mutter Erde zu heilen?
Frauen bedienen viele Rollen und verfügen über zahlreiche Talente. Für mich ist die Kreativität, die Schöpfungskraft, der Inbegriff der Frauen. Wir sind nun mal in der Lage, menschliche Wesen zu erschaffen! Einfühlungsvermögen, langfristige Planung und kooperative Ansätze sind Eigenschaften, die oft mit Frauen in Verbindung gebracht werden und die für die Ausarbeitung wirksamer Umweltpolitiken und Umweltinitiativen entscheidend sind. Deshalb spielen Frauen auch eine entscheidende Rolle beim Aufbau erfolgreicher Unternehmen und Gesellschaften. Und ich denke, dass Frauen oft stärker mit der Erde verbunden sind. Statistiken zeigen, dass die Zahl der Frauen, die in der Landwirtschaft arbeiten, die der Männer übersteigt. Die Welt hat bereits sehr gelitten, wir brauchen die heilende Energie der Frauen.

Mit welchen Gefühlen blickst du auf den Gesundheitszustand der Erde und ihre nahe Zukunft?
Klimaoptimismus und der Wert alter Lehren sind für mich sehr wichtig. Ich bringe sie mit Technologie in Einklang, um durch mein eigenes Start-up die Lebensmittel der Zukunft zu produzieren. Das Keimen und Fermentieren ist eigentlich eine Technik, die aus der Natur und unserer Vergangenheit stammt, aber niemand hatte zuvor daran gedacht, beides zu kombinieren. Leute, die zum ersten Mal davon hören, sagen mir oft: „Warum sind wir nicht früher auf diese einfache Lösung gekommen?" Manchmal sind die Lösungen für komplexe Probleme einfach. Unsere Vorfahren haben uns uralte Lösungen hinterlassen.

Dilara, wollen wir unseren deutschen Leserinnen am Ende noch erzählen, was „Nachhaltigkeit" auf Türkisch heißt?
Sürdürülebilirlik.

Was für ein Wort, oder?
Ja, Nachhaltigkeit hat für mich aber auch viel mit einem anderen türkischen Wort zu tun, das ich liebe: „evladiyelik". Es bedeutet, dass etwas dauerhaft genug ist, um von der Familie an die Nachkommen weitergegeben zu werden. Bei der Nachhaltigkeit geht es darum, Entscheidungen zu treffen, die nicht nur auf den Menschen, sondern auf die Welt ausgerichtet sind, ohne jemanden zurückzulassen.

Südtirol
Süd Tirol
bir ilik

· ·

Liebe Dilara, *ich danke dir von Herzen für dieses schöne Gespräch. Es erinnert mich an einen Satz des Philosophen Martin Buber, den ich sehr schätze: „Alles wirkliche Leben ist Begegnung!" Buber erkannte auch, dass wir erst „am Du zum Ich werden". Ist das nicht wunderbar? Das sollten alle Menschen im Umgang miteinander wissen, damit wir die Disbalancen, die wir hier thematisieren, wieder ins Gleichgewicht bringen.*

KAPITEL 5

Meine APP-ELLE

5.1 MEIN APPELL AN DIE POLITIK

Wir sehen gerade anhand vieler Indikatoren, dass sowohl die Fortschritte bei der Gleichberechtigung als auch beim Schutz unseres Planeten langsamer geworden, teils sogar zum Erliegen gekommen sind. Manchmal kommt es mir so vor, als würden wir vor einer unsichtbaren Mauer stehen, an der uns ins Ohr geflüstert wird: „Bis hierhin haben wir euch gelassen. Weiter muss es doch wirklich nicht gehen." Nein! Wir müssen dringend vorstoßen in den Bereich hinter dieser Mauer – beyond! Nicht etwa aus Eigennutz, nicht getrieben von rachsüchtigen Egos, sondern weil unsere gesamte Existenz daran hängt, die Existenz von Mutter Erde, ihren Töchtern und eben auch von ihren Söhnen. Glauben die Männer, sie würden beim Weltuntergang verschont? Haben wir nicht längst erkennen können, dass wir nur als Ganzes, als Einheit überleben werden?

Nehmen wir noch einmal die Gaia-Hypothese zur Hand, in der Mutter Erde als Lebewesen angenommen wird. Einen Organismus, der glaubt, seine Lebensfunktionen aufrechterhalten zu können, indem er auf die Beteiligung der Hälfte seiner Organe verzichtet, hat die Natur, glaube ich, aus guten Gründen nicht vorgesehen. Die andere, die männliche Hälfte reicht nun mal nicht, und erst recht nicht das eine Prozent dieser männlichen Hälfte, das unseren Planeten in Schach hält. Es ist mir immer noch ein mathematisches Rätsel, dass wir Frauen, obwohl wir 50 Prozent der Weltbevölkerung stellen und zusammen mit den bereits kooperierenden Männern eine überwältigende Mehrheit bilden, weiterhin so unbarmherzig zurückgehalten werden können, dass wir mit unseren Kräften nicht dagegen ankommen. Regional ja, global nein. Die weiblichen Kräfte müssen jedoch global spürbar sein, weil auch die Gefahren global sind. Was ist also jetzt zu tun, ohne direkt eine Revolution auszurufen, die uns auch nicht weiterbringen würde, da sie nur für sozialen Unfrieden sorgt? Ich werde nun, in diesem letzten Kapitel, ein paar Vorschläge machen, gerichtet an unterschiedliche Zielgruppen, die in ihrem Bereich ihren Teil für ein friedvolles Miteinander leisten können und – so leid es mir tut – leisten müssen.

DER POLITIK RUFE ICH ZU …

… dass es nicht ausreicht, wenn sich ein Bundeskanzler als Feminist bezeichnet (2021) oder eine Außenministerin ihre Arbeit mit „feministischer Außenpolitik" (2023) labelt. Hand aufs Herz: Wo manifestieren sich diese Begriffe wirklich in der Realpolitik? Ich halte normalerweise nichts von zusätzlichen Regularien und Bezuschussungen. Aber in diesem wirklich wichtigen Fall kommen wir nicht drumherum, eine neue Form der Subventionierung einzuführen. Dass wir viele umwelt- und klimaschädliche Subventionen abbauen und umlenken müssen, darüber wurde zuletzt viel diskutiert. Noch nie wurde diskutiert über etwas, das man „ökofeministisches Sondervermögen" nennen könnte, um die Begrifflichkeit des 2022 verabschiedeten „Sondervermögens Bundeswehr" zu entlehnen. Annähernd unwidersprochen wurden diese plötzlich aus dem Hut gezauberten 100 Milliarden Euro durchgewunken, denn unser Militär musste ja unter den neuen geopolitischen Bedingungen gestärkt werden. Wieso sollte es nicht möglich sein, mit einem auf Frieden und Heilung ausgerichteten ökofeministischen Sondervermögen das Pferd auch von der anderen Seite aufzuzäumen?

Was genau müsste so ein Sondervermögen leisten? Es wäre dazu da, um all den Frauen, die Geschäftsideen für die sozioökologische Transformation unserer Welt haben, nicht nur in die Gründung zu helfen, sondern auch während schwieri-

5.1 MEIN APPELL AN DIE POLITIK

„Wir brauchen ein ÖKOFEMINISTISCHES SONDERVERMÖGEN"

ger Phasen beizustehen. Etwa, wenn das Kind erkrankt, ein neues Kind kommt, die Ehe geschieden wird, man im Burnout steckt, ein Elternteil gepflegt werden muss. Natürlich gibt es bereits Gründerzuschüsse und Gründerprogramme, aber sie sind meist nur einmalig abrufbar und unterscheiden weder zwischen Männern und Frauen noch zwischen konventionellen und nachhaltigen Gründungen. Es braucht daher auf den realen Alltag ökologisch und sozial engagierter Frauen angepasste Subventionen, die sich in einer Care-Tätigkeit für Mutter Erde befinden. Wenn ich heute irgendeine Firma gründe, kann ich finanzielle Unterstützung in Anspruch nehmen, aber ich bekomme keine finanzielle Unterstützung, wenn mir kurzfristig der Babysitter ausfällt, ich aber ein dringendes Investorengespräch vor mir habe. Das klingt nach keiner großen Sache, aber solche Herausforderungen sind in der Summe ein wirkliches Problem. Selbstständige Gründerinnen müssen mit jedem Euro planen und üben sich aufgrund des Idealismus, mit dem sie ihre Geschäftsidee verfolgen, in Verzicht und Genügsamkeit. Selbst Mikrofinanzierungen aus einer neuen Art von Fonds könnten hier eine wichtige Überbrückung schaffen und Liquidität gewährleisten.

Die zweite Anregung, die ich im politischen Bereich geben möchte, bezieht sich auf die Bildung. Wir sind alle erschrocken über das miserable Abschneiden Deutschlands in der Pisa-Studie von 2023. Im Bildungssystem brennt es seit langer Zeit an allen Ecken und Enden. Wenn wir dort also ohnehin sanieren müssen, scheint mir eines ungeheuer wichtig: Wir müssen schon in den Schulen die alten weiblichen Rollenbilder entzerren oder sogar zerstören. Einmal pro Jahr ein Girl's Day, an dem die Mädchen in traditionelle Männerberufe hineinschnuppern dürfen, reicht da längst nicht aus. Wir müssen auf zweierlei hinarbeiten. Zum einen muss der Begriff des „Care-Berufs" umgedeutet bzw. erweitert werden. Plakativ gesagt, werden Frauen bisher Grundschullehrerin, Ärztin, Krankenschwester, Altenpflegerin. Aber üben nicht auch Maschinenbauingenieurinnen für Solartechnik oder regenerativ arbeitende Landwirtinnen Care-Tätigkeiten aus – und zwar für Mutter Erde? Der Same für solch ein neues Bewusstsein sollte bereits in der Schule gesät werden. Zum anderen müssen wir bereits die Mädchen ermutigen, später nicht in eine vermeintlich sichere Anstellung zu gehen, sondern selbst zu gründen. Natürlich ist es vielen Eltern lieber, ihr Kind in einer Firma oder einer Behörde finanziell abgesichert zu wissen, und manche Jugendliche sucht in ihrer Bequemlichkeit vielleicht auch genau das. Aber um Mutter Erde zu heilen, brauchen wir keine systemtreuen Mitläuferinnen mehr. Wir brauchen mutige Töchter, die frei und selbstständig mit einer eigenen Mission für eine bessere Welt arbeiten. Das muss am besten schon in der Grundschule vermittelt werden – und deshalb verstanden werden von der Landespolitik, die bekanntlich die Bildungsthemen setzt.

5.2 MEIN APPELL AN DEN FINANZSEKTOR

DEM FINANZ-SEKTOR RUFE ICH ZU …

… sich nicht mehr hinter Frauen- oder Nachhaltigkeitsquoten zu verstecken oder sogar Green- oder Fem-Washing zu betreiben, sondern Investitionen glaubwürdig und transparent diverser zu verteilen. Wie schafft man es, dass die Herren des Geldes, die Vertreter des Patriarchats, diese vielen Thomasse, Johns und Mohammeds, die vor allen Dingen ihresgleichen bevorzugen, endlich über ihren Schatten springen? Es ist wirklich verdammt schwierig, da der Markt nun mal frei ist und vor allem den Wegen vermeintlich sicherer Gewinne gefolgt wird. Das ist der Grund für den ungebremsten Geldfluss in männliche Unternehmen. Das ist auch der Grund für den ungebremsten Geldfluss in Öl-, Gas- und Kohlegeschäfte. „Seid mal mutiger! Es lohnt sich doch auch für euch!" Für derartiges Einreden auf alte weiße Männer oder das Warten auf neue Investorengenerationen ist es zu spät. Ich denke, auch hier muss es neue Regularien geben. Wie wäre es beispielsweise, wenn wir in den Banken, bei Vermögensverwaltern und in Investorenrunden neue Investitionsvorhaben mit Geschlechtsneutralität verbinden. Wir kennen inzwischen Bewerbungsverfahren, bei denen die Bewerberinnen und Bewerber dazu aufgefordert werden, kein Foto mit den Unterlagen durchzumailen. Diese anfängliche Unsichtbarkeit sorgt dafür, dass bislang als Minderheit angesehene Menschen viel größere Karrierechancen erhalten. Warum versuchen wir nicht Ähnliches bei den Pitches um Investorenmillionen? Auch hier könnten doch Geschlecht und Identität der gründenden Person zu Anfang und auch während des Pitches keine Rolle spielen und erst dann enthüllt werden, wenn die Entscheidungen gefallen sind. Natürlich ist gerade bei einer neuen Geschäftsidee, bei einem angehenden Start-up, der Mensch wichtig, der unter ganz bestimmten Umständen genau diese Idee geboren hat. Aber man könnte zumindest zu Beginn des Prozesses dessen Geschichte geschlechtsneutral erzählen. Selbst in einem Konferenzraum würde das funktionieren, digitale Möglichkeiten – bis hin zu KI-Lösungen – gäbe es dafür genug. Warum sollte jemand gegen ein solches Verfahren etwas haben?

„Wir brauchen GESCHLECHTS-NEUTRALITÄT bei Investitionsvorhaben"

5.3 MEIN APPELL AN DIE ARBEITGEBER

DEN ARBEIT-GEBERN RUFE ICH ZU …

… euren ambitionierten, erfinderischen, innovativen Mitarbeiterinnen Freiräume und Entfaltungsräume zu geben. Pioniergeist, Forschertum und Ideenaustausch sind für jedes Unternehmen wichtig. Wer eine gute Idee zu haben glaubt, muss sie offen kommunizieren können, ohne Angst haben zu müssen, belächelt, in andere Abteilungen abgeschoben oder rausgeschmissen zu werden. Jedes Mitglied einer Firma – von Postabteilung bis Vorstandsetage – muss jederzeit Vorschläge zur Verbesserung machen und sie, wenn möglich, erproben können. Mit Verbesserung meine ich nicht, auf konventionelle Art und Weise die Quartalszahlen zu steigern, sondern die bisher vielleicht wenig nachhaltigen oder sogar ausbeuterischen Prozesse des Unternehmens in Richtung wahrer Nachhaltigkeit zu lenken, dem Unternehmen eine wirkliche Existenzberechtigung zu verleihen im Zuge der Anstrengungen, unseren Planeten zu heilen. Lasst also die

Ideen eurer Mitarbeiterinnen in einem Thinktank diskutieren, verknüpft diese Innovationskultur mit Belohnungen, gebt den Menschen Zeit und Ressourcen, die Ideen zu verfeinern. Kurz: Schafft eine Willkommenskultur für weibliche Innovation! Und damit nichts davon auf Nimmerwiedersehen in irgendeiner Schublade verschwindet, müssten alle ausgearbeiteten Ideen am Ende einem unabhängigen externen Investmentkomitee vorgestellt werden, das Feedback gibt. Danach würde eine Entscheidung gefällt: Wird die Idee ins Unternehmen integriert? Oder bekommt die Mitarbeiterin die Gelegenheit und Unterstützung, es damit woanders zu versuchen? Warten Frauen in ihrem Unternehmen vergeblich auf solche Gelegenheiten, kann man ihnen nur raten, ihren Arbeitgeber zu verlassen und es vielleicht sogar allein zu versuchen. Wie sie dabei vorgehen sollten, erfahren sie jetzt in einigen Ratschlägen, die ich aus meinen Erfahrungen als Angestellte, Selbstständige und Investorin heraus zusammengestellt habe.

„Wir brauchen eine WILLKOMMENSKULTUR für weibliche Innovation!"

KAPITEL

6

Meine AN- REGUNGEN für GRÜNE GRÜNDER- INNEN

6 MEINE ANREGUNGEN FÜR GRÜNE GRÜNDERINNEN

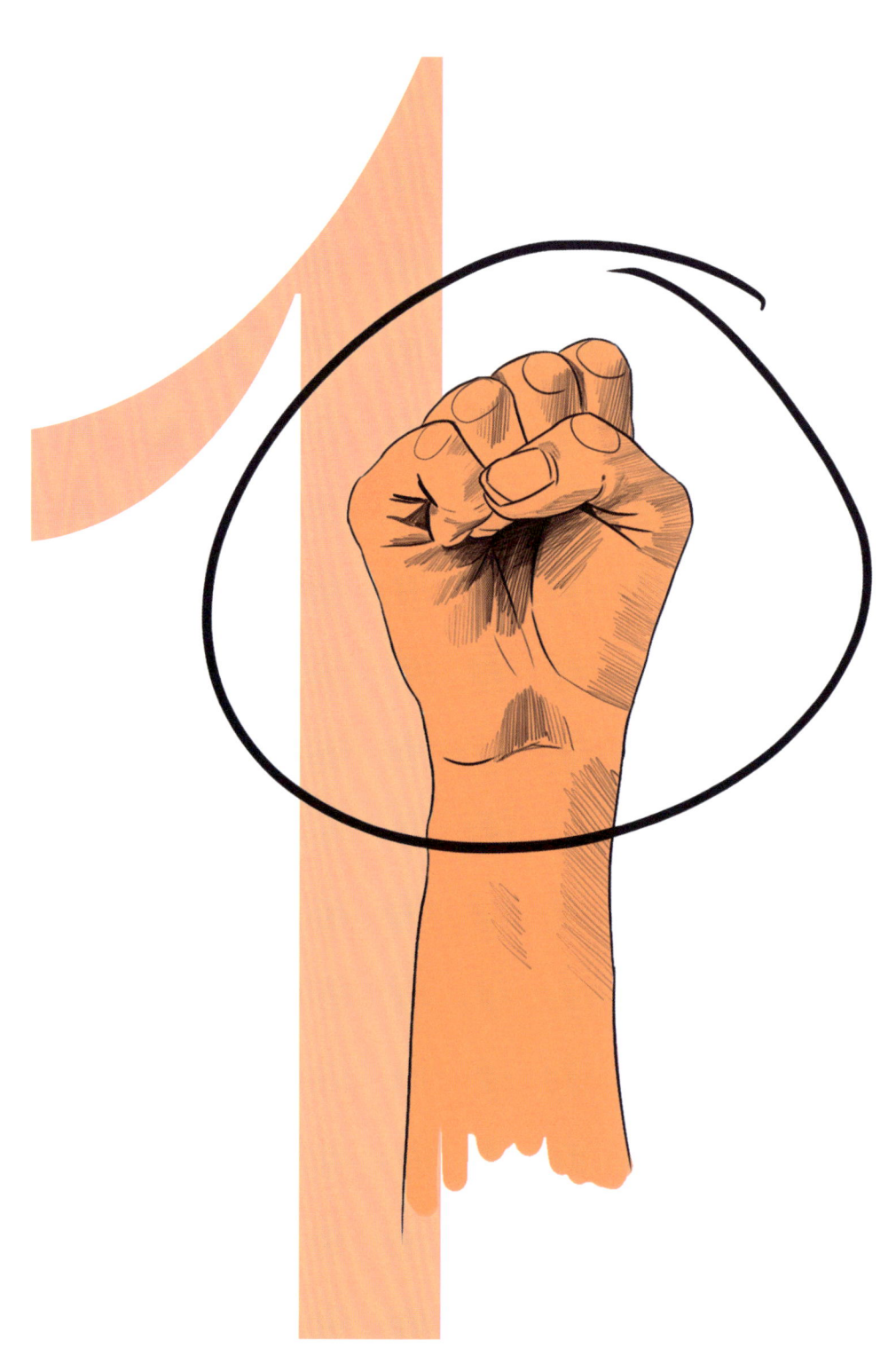

HAB KEINE ANGST –

oder: Wie überwinde ich den inneren Schweinehund, um überhaupt den ersten Schritt zu wagen?

Ob man loslegt oder nicht, hat oft damit zu tun, wen man zuerst in seine Gründungsidee einweiht. Zweifler gibt es immer. Meist sind das jedoch Leute, die seit Jahren mit den Sicherheiten eines verlässlichen Einkommens leben. Frage also bitte keine Angestellten und auch keine Beamten. Hole dir Zutrauen bei Menschen, die auch gegründet haben und die sich in dem Metier auskennen. Schare Gleichgesinnte um dich. Wenn du eine Person gefunden hast, die ähnlich mutig ist wie du und dich überzeugt, begnüge dich mit ihr und verzichte darauf, tausend andere zu fragen. Und noch einen Punkt halte ich am Anfang für entscheidend: Selbst wenn der ganze Weg noch nicht bis ins kleinste Detail durchgeplant sein sollte, bewahre dir immer einen Hauch Blauäugigkeit, ein Urvertrauen darauf, dass alles gut gehen wird, vor allem bei einer so großen Mission, wie die Welt ein bisschen besser zu machen.

6 MEINE ANREGUNGEN FÜR GRÜNE GRÜNDERINNEN

2 SEI DIR DES SINNS SICHER –

oder: Was nutzt es Mutter Erde?

Es existieren so viele sinnlose Dinge, so viele Geschäftsmodelle, so viele Produkte, die entweder niemand braucht oder die dem Planeten schaden. Oft ist gleich beides der Fall. Bevor du überhaupt an die nächsten Schritte denkst, gehe mit dir und deiner Idee in ein strenges Gericht und frage dich, ob die Welt darauf gewartet hat oder ob du nur noch mehr Müll und Emissionen produzierst und damit verzichtbar bist. Frage immer:

Welchen Nutzen, welchen Nährstoff, welchen Mehrwert hat mein Business für die Gesellschaft und die Ökosysteme? Wir sind im Jahr 2024 angekommen, einer sehr fortgeschrittenen Zeit, in der sich eigentlich niemand mehr leisten kann, etwas auf den Markt zu bringen, was der Erde schadet oder sie belastet. Sorgen wir dafür, dass nur noch Geschäftsideen das Licht der Welt erblicken, die naturgemäß, menschenfreundlich und heilsam sind.

SEI RUNDUM NACHHALTIG – 3

oder: Wie grün bin ich wirklich?

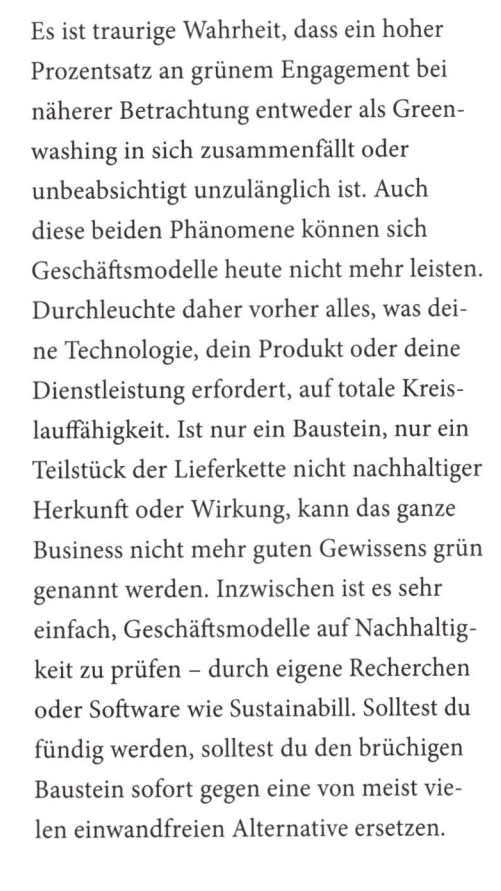

Es ist traurige Wahrheit, dass ein hoher Prozentsatz an grünem Engagement bei näherer Betrachtung entweder als Greenwashing in sich zusammenfällt oder unbeabsichtigt unzulänglich ist. Auch diese beiden Phänomene können sich Geschäftsmodelle heute nicht mehr leisten. Durchleuchte daher vorher alles, was deine Technologie, dein Produkt oder deine Dienstleistung erfordert, auf totale Kreislauffähigkeit. Ist nur ein Baustein, nur ein Teilstück der Lieferkette nicht nachhaltiger Herkunft oder Wirkung, kann das ganze Business nicht mehr guten Gewissens grün genannt werden. Inzwischen ist es sehr einfach, Geschäftsmodelle auf Nachhaltigkeit zu prüfen – durch eigene Recherchen oder Software wie Sustainabill. Solltest du fündig werden, solltest du den brüchigen Baustein sofort gegen eine von meist vielen einwandfreien Alternative ersetzen.

6 MEINE ANREGUNGEN FÜR GRÜNE GRÜNDERINNEN

ERKLÄRE, DASS GERADE DU ES BIST –

Es geht nicht nur um die Frage, warum die Welt dein Business braucht. Es geht auch darum, warum dieses Business *nur mit dir* zusammen funktioniert. Erzähle gerade bei Pitches davon, warum genau du diejenige bist, die das am besten kann! Du bist nicht ohne Grund auf deine Geschäftsidee gekommen, sie hat unmittelbar mit dir, deinem Leben, deinem Bewusstsein zu tun. Thematisiere diese Verbindung! Ich erlebe oft, dass Frauen immer nur von einem *wir* sprechen, weil ja immer ein Team hinter einer Firma steht. Aber eine Gründerin steht zuerst immer allein. Nimm diese Alleinstellung an und vermittele den Investoren das Gefühl, dass du unabkömmlich bist – ohne egoistisch zu erscheinen.

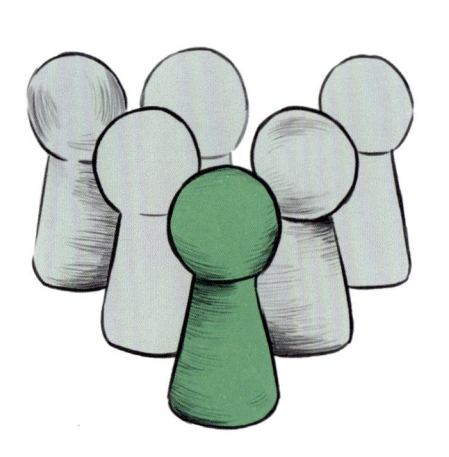

4

oder: Was macht mich einzigartig?

5 ZEIGE DIE FINANZIELLEN VORTEILE AUF –

oder:
Wie geht
nachhaltiges Geldverdienen?

Selbst wenn du ein hehres Ziel verfolgst, vielleicht sogar eine große Utopie, stelle die ökonomischen Vorteile deines Start-ups heraus. Eine Investition muss sich immer lohnen, und wir müssen insgesamt endlich dahin kommen, dass sich grüne Investitionen mehr lohnen als solche in zerstörerische Abarten.

Das gilt auch für kleinere oder mittlere Investments. Mit einem innovativen Kichererbsenprodukt rette ich nicht die Welt, aber ich mache sie vielleicht ein Stückchen besser – und auf dem Weg muss Geld verdient werden. Ja, zeige die grandiose Innovation auf, aber weise auch auf die finanziellen Vorteile hin.

›6 MEINE ANREGUNGEN FÜR GRÜNE GRÜNDERINNEN

6 VERRATE DEINE WERTE NICHT –

oder: Wie viel Kompromiss ist gesund?

Dein Ziel und deine Werte sollten nie infrage gestellt werden. Das Ziel ist immer, dein Baby groß zu machen und es zum Laufen zu bringen. Damit erreichst du etwas Gutes und verdienst auch noch Geld. Deine Werte sind dein Kompass, der dich immer auf dem richtigen Weg wandeln lässt. Sollte sich zum Beispiel die Gelegenheit ergeben, Geld aus einer bestimmten Ecke zu bekommen, die dir aus ethischen Gründen nicht gefällt, lehne es ab. Werte ändern sich nicht. Sie verformen sich vielleicht eine Zeit lang auf dem Weg, weil man auch mal durch enge Gassen gehen muss, aber sie ändern sich nicht. Auf dem Weg begegnest du vielen Menschen, den Eltern, dem Partner, Freunden, Investoren, Konkurrenten, alle haben eine Idee, die sie dir aufdrücken wollen. Immer wird es jemanden geben, der behauptet, es besser zu wissen oder es schneller zu können. Vor allem Erstgründerinnen werden dadurch verunsichert. Deshalb brauchen sie idealerweise jemanden an ihrer Seite, der ihnen hilft, dem Kompass zu folgen.

ZÜGLE DEINE EMOTIONEN –

7

Auch wenn es schwerfallen sollte, habe im Austausch mit den Geldgebern deine Gefühle im Griff. Ja, du brennst für deine Geschäftsidee. Ja, es ist dein Baby. Der Investor möchte auch sehen, dass du dein Baby liebst, dass du mit Haut und Haaren für deine Firma kämpfst. Aber es kommt nicht gut an, wenn du dich jedes Mal querstellst oder es endlose Debatten gibt, wenn eine Entscheidung getroffen wird, die dir nicht direkt in den Kram passt. Versuche zu erkennen, ob es wirklich spielentscheidend ist, um eine Frage zu streiten, oder ob es dein Ego ist, das die Emotionen entfesselt. Sollte es dein Ego sein, dann lerne, loszulassen. Wir Frauen neigen ja sehr dazu, unser Baby zu beschützen. Ein Mehrheitseigner sieht das etwas anders. Überstimme deshalb die Glucke in dir!

oder: Wie viel Ego steckt im Kämpfen?

6 MEINE ANREGUNGEN FÜR GRÜNE GRÜNDERINNEN

SEI KEINE BESSER WISSERIN –

8

oder: Wie erkläre ich alten, weißen Männern die Welt?

Natürlich bist du die Expertin. Und natürlich wissen wir, dass weibliche Start-ups im Schnitt sowohl ökonomisch erfolgreicher sind als auch häufiger einen höheren Sinn in sich tragen als männliche Gründungen. Aber lasse diesen Vorteil die Herren nicht spüren, erhebe dich nicht über sie. Es reicht, wenn wir ihn spüren und deren Fehler nicht auch begehen. Das kann uns selbstbewusst machen. Wenn eine 35-jährige Frau einem 60-jährigen Mann, der Geld zu verteilen hat, im Lehrmeisterinnenton zu erklären versucht, wie der Hase läuft und er in ein explizit weibliches Start-up investieren sollte, dann hat das meist keine guten Konsequenzen. Wobei das nicht allein mit den Geschlechtern zu tun hat. Besserwisserei mag niemand gern. Ich würde den Fokus auf mich als Mensch, als Individuum, als Gründer – und ich sage bewusst nicht *als Gründerin* – lenken.

KOMM AUF DEN PUNKT –

oder: Welche Story führt zu weit?

Eine Präsentation von 25 bis 30 Seiten Länge langweilt. Das passiert aber regelmäßig, weil zu viel über Vergangenheit und Zukunft gesprochen wird. Es interessiert ehrlich gesagt niemanden, was du bisher Tolles geleistet hast oder wie toll die Welt von morgen aussehen wird mit deinen Produkten. Wichtig für Investoren ist zuerst: Wie viel Geld hast du selber in dein Start-up hineingesteckt? Welche Partner sind schon mit dabei? Was ist dein Ziel? Was ist der realistische Businessplan, um dieses Ziel zu erreichen? Was genau hast du mit dem Geld der Investoren vor? Diese Informationen passen auf 15 Slides, nicht mehr. Die Zahlen, die du präsentierst, musst du so durchdrungen haben, dass du alle Fragen dazu kurz und knapp parieren kannst. Die Blutgruppe der toten Oma spielt dabei keine Rolle.

6 MEINE ANREGUNGEN FÜR GRÜNE GRÜNDERINNEN

VERNETZE DICH –

oder: Warum braucht Mutter Erde die Gemeinschaft?

Oft bekommst du nur Termine bei Investoren, wenn du empfohlen wirst, wenn du also einen Türöffner hast. Treibe dich deshalb auf den entsprechenden Events und Festivals herum und knüpfe sinnvolle Kontakte. Ich empfehle *Slush* in Finnland, die mit 5000 Start-ups und 3000 Investoren größte Start-up-Messe der Welt. Und ich empfehle natürlich die *DLD Conference*, Burdas Innovationsplattform, die längst nicht mehr nur in München stattfindet, sondern an vielen internationalen Standorten. Gründerinnen und Gründer sind nicht selten geniale Einzelgänger, wir werden die Welt aber nur als möglichst diverse Gruppe, als mutitalentierte Gemeinschaft retten können. Netzwerke führen schneller zu Investoren wie auch zukünftigen Mitarbeitern und vermitteln gerade auch in frustrierenden Phasen das starke Gefühl, nicht allein zu sein.

BLEIBE BEI DEINER KULTURELLEN IDENTITÄT –

11

oder: Wie sehr sollte ich mich anpassen?

Wir leben in einer globalisierten Welt, in der es völlig normal sein sollte, in allen Kulturkreisen auf die Suche nach Geld für grüne Start-ups zu gehen. Das würde ich jedenfalls empfehlen: Pitch überall! Die Konfrontation mit anderen Patriarchaten bleibt dabei nicht aus. Eine Europäerin, die das erste Mal in einem arabischen Land pitcht, wird eher unterwürfig sein, weil sie dort eine eher strengere Männerherrschaft annimmt. Ihr unterwürfiges Verhalten ist aber genauso falsch, wie wenn sich eine arabische oder indische Frau beim Pitch in Europa plötzlich anders kleidet.

Bleib, was du bist! Bleib auch bei deiner kulturellen Identität! Niemand sagt, du sollst nicht den Gepflogenheiten der anderen Kultur folgen. Wenn du siehst, dass alle vor dem Betreten eines Raums die Schuhe ausziehen, ziehst du auch die Schuhe aus. Die Gepflogenheiten hat man überall auf der Welt. Aber deine Identität ist wie dein Wertekompass nicht verhandelbar.

6 MEINE ANREGUNGEN FÜR GRÜNE GRÜNDERINNEN

HOLE DEINEN PARTNER INS BOOT –

oder: Wie befriede ich die inneren Egokämpfe?

Wir kennen die berühmte Frau, die ihrem Mann den Rücken freihielt, damit er Karriere machen konnte. Dieses alte Rollenverständnis ist längst nicht passé. Daher wundern sich viele Ehemänner oder Lebenspartner immer noch, wenn plötzlich die Frau ihr eigenes Business auf die Beine stellt, ins Risiko geht und gründet. Ich kenne einige Fälle, in denen die Männer ihre Frauen dabei nicht unbedingt unterstützen – höflich gesagt. Ihr Ego lässt sie tatsächlich fürchten: „Vorsicht, meine Frau ist jetzt selbstständig, und sie könnte mich überholen! Und dann macht sie sich auch noch hübsch, um auf Events zu gehen!" Denken Frauen auch so? Achten wir nicht eher darauf, dass die Balance in der Familie hält und jeder irgendwie auf seine Kosten kommt? Weihe daher deinen Lebensgefährten (oder deine Lebensgefährtin) rechtzeitig ein und versuche, Sorgen zu zerstreuen, damit dieser seltsame Konkurrenzkampf gar nicht erst entsteht.

RETTE DEINE IDEE –

13

oder: Wie kann ich auch als Mutter, Ehefrau, Pflegekraft, Putzfrau und Köchin eine Gründerin sein?

Frauen übernehmen nie nur eine Rolle oder zwei oder drei. Sie sind Multitaskerinnen. Das ist oft anstrengend, aber das können sie gut. Trotzdem wird es selten wertgeschätzt, was du sicher auch schon erlebt hast. Es ist doch sogar so, dass entscheidende Kleinigkeiten vergessen werden, wenn man eigentlich den Frauen entgegenkommen möchte – gerade auch bei der Vereinbarkeit von Job und Familie. Eine ausgebaute Kinderbetreuung etwa nützt dir nichts, wenn dir der Chef bei Überstunden nicht den Sitter bezahlt. Frauen müssen mit am Tisch sitzen und eine erhebliche Stimme haben, um bei so alltäglichen, aber wichtigen Dingen mitzuentscheiden. In der Türkei wird gern eine Geschichte erzählt von dem Sultan, der vom Pferd fällt, von vielen Ärzten ergebnislos untersucht wird, bis er sagt: „Bitte holt mir jemanden, der auch vom Pferd gefallen ist!" Frauen werden aber immer noch zu selten gefragt, wenn es um sie geht, sodass sie sich am Ende oft selbst überlassen sind und damit auf Dauer dem Burn-out. Wer soll dabei noch eine Idee für die eigene Gründung weiterentwickeln? Wer soll dabei Zeit und Ruhe finden, um seinen Lebenstraum zu realisieren? Irgendetwas muss dabei vernachlässigt werden. Ich habe mich meist selber vernachlässigt, habe wenig oder gar nicht gegessen, mit dem Kind auf dem Arm weitergearbeitet, den Sport abgesagt, Treffen mit Freunden abgesagt. Mütter opfern sich immer selbst. Der Schlüssel liegt in der Unterstützung von außen und in der Einsicht, dass man keine Wonderwoman sein muss und beim Jonglieren auch mal ein Ball auf den Boden fallen darf. Nimm daher jede Unterstützung an! Es braucht ein Dorf, um eine Mutter zu sein! Und es braucht ein Dorf, um eine Gründerin zu sein! Vernetze dich also auch in den ersten Anfängen – und vernetze dich vor allem mit Männern, dann kommst du leichter ans Ziel. Wie ich das meine? Sitzt du ausschließlich oder zu oft mit Frauen zusammen, macht man sich unbewusst ein schlechtes Gewissen: „Und, was machst du mit den Kindern?" Auch die Idee für eine Gründung ist wie ein Baby, auch sie muss man großziehen, das gelingt nur durch neue Freiräume.

EIN SCHLUSSWORT

7

LASST UNS MUTTER ERDE EHREN!

7 EIN SCHLUSSWORT

Vielleicht hilft ja mein Buch dabei, dass die ein oder andere mutige Gründerin und der ein oder andere mutige Investor zusammenfinden und ein neues Start-up ins Leben rufen, das wiederum Mutter Erde hilft. Vielleicht hilft mein Buch auch dabei, das allgemeine Bewusstsein zu schärfen für die ungehobenen und unerschöpften Potenziale der Frauen, die es in diesen schwierigen Zeiten zuzulassen gilt. Aber was ist eigentlich mit dem Ökofeminismus, mit dieser großen wunderbaren Bewegung? Was kommt *nach* dem Umarmen von Bäumen, *nach* dem Hinaufklettern von Fassaden, *nach* dem Festkleben auf Straßen, *nach* der Publikation zahlreicher Manifeste, *nach* der Verleihung des x-ten Nobelpreises? Auf der Südhalbkugel scheint die Antwort klar. Viele von autokratischen Regimen und kapitalistischen Konzernen geknechtete Frauen scheinen in ihrer Not zu allem fähig, nehmen Verhaftungen in Kauf, setzen täglich ihr Leben aufs Spiel. Mehr geht nicht. Wir müssen ihnen zutiefst dankbar sein! Und auf der Nordhalbkugel? Bei uns? Haben wir alle Trümpfe ausgereizt? Geben wir Frauen wirklich alles, wenn wir an so große Ahninnen wie Emmeline Pankhurst denken? Braucht es angesichts der Lage nicht auch heute so etwas wie ein ökofeministisches Märtyrertum in den Metropolen des Westens? Wie sähe das aus? Wer würde so harte Konsequenzen auf sich nehmen? Ich bin ein bisschen desillusioniert. Wenn eine Welt es nicht mal schafft, auf dem Fundament eines humanistischen Grundkonsenses zusammenzukommen und jahrelange Kampfhandlungen einzustellen, warum sollten wir dann feministisch zusammenkommen können? Der Politik kommt es zupass, dass uns scheinbar nicht mehr viel einfällt. Deshalb frage ich mit allem Nachdruck: Was wäre die nächste Zündstufe einer neuen ökofeministischen Bewegung in Zeiten des vom Patriarchat weiter vorangetriebenen Ökozids?

Natürlich könnten wir Frauen allen Mut zusammennehmen und ähnlich aggressiv auf die Straßen gehen wie die britischen Suffragetten, denen es am Ende damit wirklich gelang, das Frauenwahlrecht durchzusetzen. Bei aller Wertschätzung: In mir sträubt sich etwas dagegen. Ertragen wir nicht gerade genug Gewalt? Im langen Nachdenken über eine Antwort bin ich in der Türkei der Siebzigerjahre gelandet. Ich weiß es nicht mehr ganz genau, weil es vor meiner Zeit war, aber den Erzählungen nach hatten damals empörte Frauen ein ganz besonderes Mittel gewählt, um ihr Ziel einer besseren Rentenversorgung zu erreichen: Sie gingen in einen Sexstreik! „Seks grevi" nannten sie das. Wochenlang verweigerten sie sich ihren Männern, bis sie bekamen, was sie wollten. Die Strategie wurde fortan kopiert. In der Türkei wie in vielen anderen Ländern griffen Frauen, die mit ihrem Latein am Ende waren, zu einem Mittel, das niemand außer ihnen einsetzen konnte – das Bett zur Tabuzone zu erklären und dem Urtrieb des anderen Geschlechts die Erfüllung vorzuenthalten. Die Gründe

DESHALB FRAGE ICH MIT ALLEM NACHDRUCK: Was wäre die nächste Zündstufe einer neuen *ökofeministischen Bewegung* in Zeiten des vom Patriarchat weiter vorangetriebenen ÖKOZIDS?

waren immer andere, mal ging es darum, die Herren dazu zu bewegen, endlich defekte Wassersysteme zu reparieren, die die Frauen dazu genötigt hatten, über viele Kilometer maximal mithilfe von Eseln Wasser heranzuschleppen, mal ging es darum, mit befeindeten Nachbarstaaten Frieden zu schließen. Keine unverschämten Forderungen also, sondern Selbstverständlichkeiten, die unter den Gepflogenheiten des Patriarchats verloren gegangen waren – Nächstenliebe, Respekt, Hilfsbereitschaft.

Die Idee des Sexstreiks hat ihren Ursprung in Aristophanes' Theaterstück Lysistrata, wo es der Protagonistin zusammen mit anderen kriegsmüden Frauen gelingt, durch sexuelle Verweigerung ihre waffenstarrenden Männer zum Frieden zu bewegen. Ist das nicht interessant? Im Lichte seiner gewalttätigen Zeit – der Peloponnesische Krieg tobt seit 20 Jahren – schlägt ein Literat, ein Komödiendichter, vor, die letzte Hoffnung in den Frauen zu suchen! Und es war nicht nur die sexuelle Enthaltsamkeit, die er den Rebellinnen ins Manuskript schrieb. Er ließ sie auch die Akropolis besetzen, wo sie den Geldstrom versiegen ließen, der zur Finanzierung des Krieges diente. Mit Erfolg! Ob der Sexstreik im Jahr 2024 noch das richtige Mittel ist? Aber wie wäre es, zumindest den alten Geist von Lysistrata in die Gegenwart zu holen?

Wir könnten uns eine Zeit lang herausnehmen aus den Ritualen des Gewohnten. Was würde passieren? Wir könnten uns zugleich überlegen, wie wir auf die Bewusstseinsbildung unserer Männer (und bei Singles: unserer Familien und Freunde) einwirken, auf ihr Verständnis für die Interessen der Frauen und die Gesetze der Natur. Nicht

7 EIN SCHLUSSWORT

nur für unsere Kinder werden die ethisch-moralischen Grundlagen in den Familien gelegt – auch für die Männer. Wie wäre es also, wenn wir Frauen jeden Morgen am Frühstückstisch oder jeden Abend beim Abendbrot ein neues ökofeministisches Thema mit auf den Tisch packten und es mit unseren Kindern diskutierten? Wenn wir jeden Tag über andere Beispiele darauf hinwiesen, dass die Zerstörung der Erde und die Unterdrückung der Frau eigentlich zwei Seiten derselben Medaille sind? Wäre dieser Weg, Kommunikation also, nicht die freundlichste Art und Weise, um Disruption einzuleiten? Unsere Männer müssten zuhören. Dann würden ihnen von unseren Töchtern und Söhnen Fragen gestellt. Daraufhin müssten sie sich äußern. Morgen für Morgen, Abend für Abend. Vielleicht reagieren unsere Männer zunächst genervt, aber irgendwann werden sie darauf kommen, dass es hier nicht darum geht, sie

200

SEX-STREIK FOR FUTURE?

in die Enge zu treiben oder sie abzuschaffen, sondern zusammenzuarbeiten und die Aufgaben, die auf uns alle warten, auf vielen Schultern zu verteilen.

Das setzt voraus, dass wir Frauen uns trauen müssen, die Opferrolle abzulegen und aus dem Zirkel herauszutreten, den das Patriarchat einmal um uns gezogen hat. Wir müssen zu verstehen geben: „Ich bin nicht mehr eine Frau dieses Kreises! Ich bin außerhalb davon!" Damit macht man sich nicht unbedingt beliebt, weder in der Familie noch gesellschaftlich, aber wir brauchen keine Angst zu haben, mit den Konsequenzen alleine zu sein. Wenn ein Mensch ausschert, trifft er automatisch auf andere, die auch ausgeschert sind. Man findet sich gegenseitig. Man findet Unterstützer, auch männliche Unterstützer, die aus dieser Masse ausscheren und die sagen: „Ich als Mann traue mich, dir zu vertrauen!" Diese Männer gibt es. Man muss nur über diesen alten Zirkel hinausschauen, dann erkennt man die Gleichgesinnten. Haben wir das nicht alle schon mal bei Auslandsaufenthalten erlebt, für die wir auch unseren gewohnten Kreis verlassen mussten, unsere Heimat? Auf der anderen Seite, in einem fremden Land, kann es erst einmal sehr einsam sein. Wir sind gezwungen, auf die Suche zu gehen. Wonach suchen wir dann? Nach Leuten, mit denen wir den kleinsten gemeinsamen Nenner teilen – meist sind das die Herkunft und die Religion. Im Falle der ökofeministischen Pionierinnen liegt der kleinste gemeinsame Nenner im größten gemeinsamen Ziel: den Kampf um die Unversehrtheit von Frauen und Natur zu gewinnen!

Diejenigen, die sich dann finden, können Keimzellen einer neuen ökofeministischen Massenbewegung sein, die sich weit größer, nachhaltiger und konstruktiver entwickeln kann, als es Fridays for Future jemals getan hat. Auch wenn es schwer ist, unseren berechtigten Zorn im Zaum zu halten, wird

7 EIN SCHLUSSWORT

es wichtig sein, integrativ zu wirken und viele kompetente wie auch sympathische Leitfiguren an die Spitze der Bewegung zu stellen, einer Bewegung, die nicht nur auf der Straße präsent ist, sondern deren Aktivistinnen und Aktivisten den Ehrgeiz haben, es bis hinauf in entscheidende Ämter zu schaffen. Mit einem aggressiven Feminismus, mit übertriebenem Wokeism, mit einem fehlgeleiteten Gendertum werden wir uns auf diesem Weg keinen Gefallen tun. Im Sinne Gaias werden wir die großen Herausforderungen, die vor uns liegen, nur gemeinsam und im gegenseitigen Respekt lösen können, als Menschen, die bereit sind, sich wieder in den Dienst zu stellen von Mutter Erde.

Gleichzeitig müssen sich gemäß den Forderungen des in Dubai veröffentlichten *Female Climate Justice Reports* große Politikbereiche verändern und erlauben, dass wir Frauen hineingelassen, unsere Stimmen gehört, unsere Expertisen zugelassen werden. Ich begann dieses Buch mit den Autokraten, die mir damals ziemlich die Laune eintrübten. Einige von ihnen sind immer noch im Amt, andere flogen raus und drohen wiedergewählt zu werden, neue sind hinzugekommen. Mit ihnen werden wir nicht zum Ziel kommen. Wir brauchen das Gegenteil. Genau diesen Widerspruch zwischen Realität und Notwendigkeit erwähnen auch die Autorinnen des *Female Climate Justice Reports*. „Entgegen dem weltweiten Trend zur Autokratie muss die demokratische Politik vertieft werden, unter anderem durch die Stärkung der substanziellen Vertretung von Frauen auf allen Ebenen – in Forsträten, in der lokalen Verwaltung, in Umweltministerien und in den Delegationen für die Klimaberichte", mahnten sie. „Die derzeitige Zersplitterung der multilateralen Zusammenarbeit muss überwunden werden, um die politischen Ambitionen zu steigern, eine nachhaltige Finanzierung zu ermöglichen und die rechtlichen Rahmenbedingungen für die globale Umweltpolitik durchzusetzen."

Weltweit, so der Bericht, würden nur 15 Prozent der Umweltministerien von Frauen angeführt. Und der Frauenanteil der Delegationen, die die Nationalstaaten zu den Weltklimakonferenzen schicken, sei zwar über die Jahre auf 35 Prozent gestiegen, der Frauenanteil in den Leitungspositionen dieser Delegationen jedoch auf 20 Prozent gesunken. Traurige Werte. Wir müssen uns die Führung endlich, endlich erobern. Im Sinne aller. Wir stehen inmitten der größten Krise der Menschheit. Wir stehen im vorläufigen Schlusskapitel einer äußerst gewalttätigen Geschichte, in der Mutter Erde geplündert und ihre Töchter unterdrückt wurden und sich Macht und Ressourcen in nur wenigen Händen konzentrieren konnten. Wann, wenn nicht jetzt, ist die Zeit gekommen, um aufzustehen! Denn jetzt wird sich entscheiden, ob sich unser aller Geschichte dem Ende zuneigt oder ob wir doch freudvollere, friedvollere und gerechtere Kapitel fortschreiben können.

„ENTGEGEN DEM WELTWEITEN TREND ZUR AUTOKRATIE MUSS DIE DEMOKRATISCHE POLITIK VERTIEFT WERDEN, UNTER ANDEREM DURCH DIE STÄRKUNG DER SUBSTANZIELLEN VERTRETUNG VON FRAUEN AUF ALLEN EBENEN – IN FORSTRÄTEN, IN DER LOKALEN VERWALTUNG, IN UMWELTMINISTERIEN UND IN DEN DELEGATIONEN FÜR DIE KLIMABERICHTE"

Female Climate Justice Report 2023

QUELLENVERZEICHNIS

Abcarian, Robin: „Why don't women make as much as men? Economist Claudia Goldin has some Nobel Prize-winning answers".
Los Angeles Times, 11.10.2023

Abouzahr, Katie: „Why Women-Owned Startups Are a Better Bet". bcg.com, 6.6.2018

Agarwal, Bina: „Gender and Green Governance: The Political Economy of Women's Presence within and beyond Community Forestry".
Oxford University Press, New Delhi, 2010

Agarwal, Bina: „The Gender And Environmental Debate: Lessons from India". Feminist Studies 18/1, 1992

Aguilar, Carlos et al.: „Climate Equality – A Planet for the 99%". Oxfam International, 11/2023

Aquino, Lyric: „In Brazil, the legal theory that could strip Indigenous peoples of their land". grist.org, 30.6.2023

Balaban, Sevil: „O Bir Değişime İnandı. Şimdi Kendisine İnananlarla Birlikte, Dünyayı Değiştirmeye Niyetli …". nyxmag.com, 30.3.2021

Boston Consulting Group; Sista (Hrsg.): „Women-led startups losing across the board: from creation to funding, in all key European markets". 4th SISTA x BCG barometer on gender parity for startup creation & funding. 6/2023 covering 5 European countries: France, UK, Germany, Spain, Sweden

Braun, Anja: „Studie aus Schweden: Männer schaden dem Klima mehr als Frauen". swrwissen.de, 22.7.2021

Cardoso, Isadora et al.: „One struggle, one fight". taz, 25.9.2020

Conti, Tiziana: „Interview with Lungisa Huna, co-director of the Rural Women's Assembly". fastenaktion.ch, 30.8.2022

Djurickovic, Tamara: „Ada Ventures report: 10x more LP capital goes to VC funds owned by men". tech.eu, 7.11.2023

Donatusch, Sereina: „Frauen leider stärker unter Klimakrise – aber sie sind nicht nur Opfer". Frankfurter Rundschau, 23.4.2023

dpa: „Frauenanteil in Dax-Vorständen auf niedrigem Niveau gestiegen". zeit.de, 7.2.2023

Evans, Dayna: „Adam Smith Isn't the Real Economic Hero — His Mother Is". Women at Work, 13.6.2016

Fichter, Klaus et al.: „Green Startup Monitor 2023". Berlin, Borderstep Institut, Bundesverband Deutsche Startups e. V., 2023

Figge, Natalia: „Ökofeminismus: Der Ausweg aus dem patriarchalischen Kapitalismus". Friedrich Ebert Stiftung, 6.12.2021

Gelder, Lindsy van: „It's Not Nice to Mess With Mother Nature: Ecofeminism". msmagazine.com, 15.3.2023

Goldin, Claudia: „Why Women Won". National Bureau of Economic. Working Paper 31762. nber.org/papers/w31762, Cambridge, 10/2023

Greenfield, Patrick: „Environmental activists killed at a rate of one every other day in 2022 6 report". The Guardian, 13.9.2023

Gyorgy, Anna: „Women and life on earth: Then and now". Greenfield Recorder, 3.11.2020

Hanman, Natalie: „Himalayan tree huggers and a landscape of vulvas: the eco show where women call the shots". The Guardian, 4.10.2023

Hirschfeld, Alexander et al.: „Female Founders Monitor 2022". Startup Verband mit Stepstone, Berlin, 2023

Habtezion, Senay: „Overview of linkages between gender and climate change". United Nations Development Programme, 2012

Hattam, Jennifer: „This Turkish Chef is Fighting Climate Change with the Help of Syrian Refugees". ensiamedia.medium.com, 7.2.2020

Heuser, Olaf: „Man kann gar nicht unterschätzen, wie sehr dieser Krieg die russische Gesellschaft deformiert". spiegel.de, 27.10.2023

Holst, Elke: „Frauen in Spitzengremien von Banken und Versicherungen: Dynamik kommt nun auch in Aufsichtsräten zum Erliegen". DIW Wochenbericht, 3/2019

Joeres, Annika: „Das neue Selbstbewusstsein der Ökofeministinnen". zeit.de, 22.6.2020

Jofre, Oscar: „Female Startups Are Outperforming Male Led Startups". koreconx.com, 21.10.2022

John, Sonja: „Idle no more: indigene Aktivistinnen und Feminismen". Femina Politica – Zeitschrift für feministische Politikwissenschaft, 23 (1), 2014

King, Ynestra: „The Ecology of Feminism and the Feminism of Ecology", in: McKinnon, Mary Heather et al.: „Readings in Ecology and Feminist Theology", Sheed & Ward, Lenham, 1995

Koepke, Ronja: „Data shows that female-founded companies are more successful than all male founded". scandinavianmind.com, 1.6.2022

Köpsell, Lena: „Landreform in Kolumbien: Hektar um Hektar für den Frieden". rnd.de, 16.9.2023

Llewellyn, Aisyah: „‚Ready to die': Indonesia Eco-City row grows as eviction deadline looms". aljazeera.com, 21.9.2023

Llewellyn, Aisyah: „Protests in Indonesia as thousands face eviction for Rempang ‚Eco-City' ". aljazeera.com, 15.9.2023

Lübke, Sandra et al.: „Diversität in deutschen Banken: Erschreckend wenig Frauen auf der Führungsebene!". bankinghub.de, 11.3.2022

Lunati, Mariarosa: „Women entrepreneurship – Turkey: Who wants to be an entrepreneur?". OECD report, policycommons.net, 9.3.2016

Magnani, Amanda: „Indigenous Women March for Their Rights in Brazil". yesmagazine.org, 20.9.2023

Marcal, Katrine: „Who Cooked Adam Smith's Dinner? – A Story of Women And Economics". Granta Publications, London, 2016

Martinez-Alier, Joan: „A Forest for Ourselves". Economic & Political Weekly, 12.2.2011

Meyer, Henrik: „Weibliche Start-ups werden weniger und kommen schwerer ans Geld". bankenverband.de, 30.6.2023

Mies, Maria; Shiva, Vandana: „Ökofeminismus: Beiträge zur Theorie und Praxis". Rotpunktverlag, Zürich, 1995

Miles, Kathryne: „Ecofeminism". Encyclopaedia Britannica, abgerufen am 8.1.2024

Morita, Keitaro: „Giving Voices to the Environmentally Humiliated and Misrecognized: Nature and Women". Paper prepared for the Second International Conference on Multicultural Discourses, 13 – 15th April 2007, Institute of Discourse and Cultural Studies, & Department of Applied Psychology, Zhejiang University, Hangzhou, China, 2007

Murillo, Alvaro: „Water is sacred too". stories.publiceye.ch/en/costa-rica, 6/2023

Nemitz, Marc: „Starker Anstieg bei grünen Start-ups im Jahr 2022". startbase.de, 29.3.2023

Nielsen, Tina: „Ebru Baybara Demir – Gastronomie für sozialen Wandel". ktchnrebel.com, 10/2023

N.N.: „25 women entrepreneurs from across Europe and Central Asia meet potential investors at the ‚Investors Pitch Finale' ". eca.unwomen.org, 29.4.2022

N.N.: „Der Neue AllBright-Bericht: Ein ewiger Thomas-Kreislauf?". 31.3.2017

N.N.: „Female Founder Statistics – Female Founders: High-performing. Inclusive. Under-funded". Springboard Enterprises. sb.co, abgerufen am 8.1.2024

N.N.: „Female-founded startups drew just 1% of Middle East VC funding". wired.me, 28.1.2023

N.N.: „Five Reasons Why Climate Action Needs Women". unfccc.int/news, 8.3.2023

N.N.: „Indigenous Peoples – Overview". amnesty.org, abgerufen am 8.1.2024

N.N.: „Investment in women's entrepreneurship is an investment in change". eca.unwomen.org, 9.5.2022

N.N.: „More Than 50 Thousand People Sign Petition To Ban Chlorothalonilin Costa Rica". thecostaricanews.com, 22.9.2023

N.N.: „Organising for food sovereignty in South Africa". apheda.org.au, abgerufen am 8.1.2024

N.N.: „Rural Women's Assembly: Their livelihoods, whose land?". mamacash.org, 6.11.2019

N.N.: „Superreiche gewinnen 2,5 Milliarden Dollar pro Tag, die Hälfte der Weltbevölkerung wird ärmer". Oxfam-Bericht zur sozialen Ungleichheit, 21.1.2019

N.N.: „The Chipko Movement". War Resisters' International. wri-irg.org, 1.1.2001

QUELLENVERZEICHNIS

N.N.: „Txai Suruí – die Klimakämpferin aus dem Amazonas". wwf.de, 15.7.2021

N.N.: „Women demand that oil palm companies stop violence and give back community land". grain.org, 8.3.2018

Pal, Kusum Kali et al.: „Global Gender Gap Report 2023". World Economic Forum, 6/2023

Pamir, Basak: „IFC Invests in First Emerging Market Gender Bond by Garanti Bank with Support from Goldman Sachs 10.000 Women, to Boost Loans to Turkey's Women Entrepreneurs". pressroom.ifc.org, 13.6.2018

Pathi, Krutika: „As India's population soars above all, fewer women have jobs". apnews.com, 10.4.2023

Post, Corinne: „Investors Could Be Missing Out On Women-Led Startups. Here's How They Can Fix That". forbes.com, 17.10.2022

Rao, Manisha: „Ecofeminism at the Crossroads in India: A Review". Universität Venedig, unive.it, 20/2012

Robertz, Victoria: „Studie: Von Frauen geführte Start-ups bekommen deutlich weniger Geld". stern.de, 13.6.2023

Rossi, Eduardo Martín: „Antología Toxicológica del Glifosato +1000 – Evidencias científicas publicadas sobre los impactos del glifosato en la salud, ambiente y biodiversidad." 2020

Rural Women's Assembly: „Land for food! One woman, one hectare! Rural Women's Assembly march in Cape Town on 21 March". grain.org, 19.3.2015

Sayyad, Mansab: „Rethinking Conservation". Sacred Earth Trust, 29.12.2022

Schneider, Reto U.: „Alte weiße Männer: Wie aus einer Beschreibung eine Beschimpfung wurde". Neue Zürcher Zeitung, 31.12.2021

Schueman, Lindsay Jean: „Why women are key to solving the climate crisis". oneearth.org, 15.9.2023

Schwär, Hannah: „Von Mann zu Mann: Bei der Startup-Förderung des Bundes haben Frauen kaum mitzureden". businessinsider.de, 3.9.2020

Schwarz, Susanne: „Keineswegs geschlechtsneutral". taz, 8.3.2021

Sengupta, Somini: „Young Women Are Leading Climate Protests. Guess Who Runs Global Talks?". The New York Times, 6.11.2021

Sertore, Serena: „Studie der EIB: Warum es sinnvoll ist, Unternehmerinnen in Europa zu unterstützen". Europäische Investment Bank, eib.org, 2.11.2022

Shiva, Vandana: „Staying Alive: Women, Ecology and Survival in India, Kali for Women". New Delhi, 1988

Silnorf, Maloa: „Police block peaceful action by women affected by SOCFIN oil palm plantation in Sierra Leone". grain.org, 28.9.2017

Silver, Lauren: „Women and Girls in Climate Activism". US Department of State, state.gov, 20.10.2022

Singh, Vishal: „Turkish female-founded startup Insider turns unicorn after raising €109.89M; plans to invest €45M in Benelux". siliconcanals.com, 9.3.2022

Spear, Jess: „Women and Nature: Towards an Ecosocialist Feminism". rupture.ie, 10.3.2021

Stengel, Geri: „More Female Founders And Investors Are Needed To Ensure A Greener Future". forbes.com, 17.5.2023

Tarihi, Giris: „Ebru Baybara Demir ile Hayattan Ne Öğrendim?". esquire.com.tr, 28.1.2019

Thomas, Leah: „Ecofeminism Explores the Relationship Between Women and Nature". Teen Vogue, 7.3.2022

Thorpe, JR: „What Exactly Is Ecofeminism?". bustle.com, 22.4.2016

Tran, Dalena et al.: „A global analysis of violence against women defenders in environmental conflicts". Nature Sustainability, 6/2023

Laura Turquet et al.: „Feminist Climate Justice: A Framework for Action". Conceptual framework prepared for Progress of the World's Women series. UN-Women. New York, 2023

Zimmermann, Julika: „Ohne geht's nicht: Klimagerechtigkeit braucht Feminismus". Gunde Werner Institut, 6.11.2020

DIE ILLUSTRATORIN

Die Würzburgerin Romina Rosa hat dieses Buch illustriert. Ihre Masterarbeit im Fach Informationsdesign beschäftigte sich mit den Abgründen des menschlichen Konsums und der damit verbundenen Ausbeutung der Tierwelt. Mehrfach wurde sie dafür ausgezeichnet, weitere Designpreise folgten. Seit 2021 ist Rosa Dozentin für „Zeichnen und konzeptionelles Darstellen" an der Hochschule Würzburg. Der Bestseller in ihrem Etsy-Onlineshop ist ein Postkartenmotiv, für das sie eine Frau illustrierte, die sich mit selbstbewusster Miene ihres Büstenhalters entledigt. „Free the titties", schrieb Rosa darunter. Kein Wunder, dass sie sich auch für die Aktivistinnen der Femen- und Pussy-Riot-Bewegung begeistern kann. In ihrem Privatleben übernimmt Romina Rosa Verantwortung, indem sie mit Patenschaften hilfsbedürftigen Mädchen zur Seite steht.

ROMINA ROSA

DANKSAGUNG

ICH DANKE – TEŞEKKÜR EDERIM

Ich danke den Frauen der Initiativgruppe München, deren unermüdlichem Einsatz ich seit 40 Jahren nur den allergrößten Respekt entgegenbringen kann. Besonderer Dank gilt Necmiye, die lange Zeit treibende Kraft dieser Initiativgruppe gewesen ist. Leider musste sie schon einmal vorgehen. Du hast mich so sehr inspiriert und auf den richtigen Weg gebracht. Ruhe in Frieden, Necmiye!

Dass ich von diesem Weg für mehr Geschlechtergerechtigkeit niemals abgekommen bin, ihn beharrlich weitergegangen bin, dafür haben tatsächlich auch viele Männer mit ihrem – sagen wir es höflich – konservativen Verhalten gesorgt. Ihnen muss ich also auch danken.

Ich möchte mir selbst danken, dass ich den Mut gefunden habe, einerseits diesen unbequemen Weg gegangen zu sein, andererseits mich überhaupt herausgewagt und dieses Buch geschrieben zu haben. Danke an alle Frauen und Männer, die mich weiterhin bei meiner Mission unterstützen.

Schließlich: mein wundervoller Ehemann! Auch wenn unsere Ansichten zu diesem Thema manchmal auseinandergehen, bist du mir eine wertvolle Stütze – liebevoll, geduldig, humorvoll. Danke auch, dass du mein „Bist du wach?" um 2 Uhr in der Nacht jedes Mal mit „Jetzt ja, mein Schatz" beantwortet hast, um die nächste politische Diskussion zu beginnen.

„**ALLES,** was wir auf **ERDEN** sehen, ist das **WERK** von **FRAUEN.**"

Mustafa Kemal Atatürk